やり場のない感情を整える

62のヒント

リセットする
習慣

枡野俊明

曹洞宗徳雄山
建功寺住職

○ はじめに

「やらなければいけないのに、まったくやる気が出ない……」

「人間関係に振りまわされ、毎日イライラ、モヤモヤ……」

「将来のことを考えると、このままでいいのかと不安が尽きない……」


　このように、あせり、怒り、不安、自己嫌悪……といった、やり場のない感情をかかえ、モヤモヤした気持ちでいる人は少なくないでしょう。

　誰でも、そんなネガティブな感情を抱くことがあるものです。

　そのうえに昨今のせわしない世の中を思うと、いっそう気分が浮き足立ち、気疲れしてしまっている人も多いかもしれません。


　こうしたネガティブな感情は、放置しておくと、また別のネガティブな感情を呼びこみます。たとえば次のような思いに心あたりはないでしょうか。

「やる気が出なくてあせる」
↓「期日までにできないのではないかと不安になる」
↓「できない自分がイヤになる」
↓「このままでは自分の居場所がなくなるのではないかと疎外感を覚える」……。

まさに〝ネガティブ・スパイラル〟です。

一方で、心軽やかに生きている人は、そんなネガティブな気持ちを自ら「リセット」できる人です。

本書は、〝禅〟の思想を切り口に、気持ちをリセットする方法をできるだけわかりやすく紹介しています。

禅の教えの根本は、〝今を生ききる〟です。

「今」この一瞬が絶対的な存在である、と考えます。

そして、「今」という瞬間が積み重なって、一生が築き上げられるというわけです。

過去とも未来とも切り離された、この日、この瞬間を、「今しかない」と思って生きるのが、禅的な生き方です。

それはまさに、一瞬一瞬、新しい心にリセットすることなのです。

過去をやりなおすことはできないし、未来がどうなるかは誰にもわかりません。これは、永遠不変の真理です。

そうしたことに心乱されることなく、「リセットする習慣」を日々の生活にとりいれたら、毎日がもっと心軽やかに、自然体で生きられるようになるのです。

ぜひ本書を通して、そうしたすばらしい変化を味わってください。

もくじ

第2章

大事なのは、ただ「今」を生きること

第3章 もう、他人には縛られない

第4章

かけがえのない良縁を得る

第5章

ざわつく感情は、こうして整える

第6章

心地いい習慣を身につける

第7章

ささいな毎日を、禅の心で変えていく

第 1 章

尽きない悩みを、
うまいこと手放す

1

一つひとつ、できることをコツコツと。

結果自然成

けっかじねんになる

今般、私たちが経験した新型コロナウイルス感染症というパンデミック。誰もが一日も早く収束させたいと思っても、どうにもなりませんでした。

世の中には、自分の頑張りでどうにかなることと、どうにもならないことがあります。

どうにかなると思うことに対しては、やりようがあり、もしダメだったとしても、その理由がわかるから納得できます。

ところが、どうにもならないことは、ちょっと厄介です。

コロナもそうですが、やりようのないことが永遠につづかないことは、みんなわかっています。過去のスペイン風邪も3年ほどでおさまっていますし、ほかの疫病もかならずおさまっています。

しかし、かならずおさまるとわかっていても、それがいつなのかわからずにジタバタしてしまいます。

いつ、おさまるのかわからないから、不安なのです。

そうです。不安の正体は、やりようのないことがいつ、おさまるかわからないことであり、やりようのないこと自体ではないのです。

やりようのないことは、まずは受けいれるしかありません。そんなあきらめも大切です。

受けいれると、なぜか心が軽くなります。

心が軽くなれば、自分が今やるべきことは何なのか、できることは何なのかが自ずと見えてきます。それにコツコツと取り組めばいいのです。

達磨《だるま》大師《だいし》の「あせりなさんな」の教え

「結果自然成《けっかじねんになる》」という禅語があります。

中国に禅を伝えた初祖・菩提達磨《ぼだいだるま》が、２代目となる慧可大師《えかだいし》へ、伝法《でんぽう》（教えを伝えること）のときにおっしゃった言葉です。

「一華開五葉《いっけごようをひらき》 結果自然成《けっかじねんになる》」の結びの句です。

一輪の花から5枚の花びらが開き、やがて自然に実をつける――。あせらずに一つひとつできることをやっていれば、かならず結果はついてくる、という意味です。

達磨大師は、「禅の教えは一気に広まることはないけれど、弟子から弟子へとあせらずにコツコツと伝法していくことで、かならず広まっていく」と教えています。

私は、この言葉は「あせりなさんな」という達磨大師の教えだと思っています。

やりようのないときは、やりようがない。まずは、あせらずに黙って受けいれる――。それだけで心がリセットされます。

＊

やりようのないことを受けいれたとき、あなたはどんな顔をしているでしょうか――。受けいれることで、噛みしめていた奥歯の緊張がゆるみ、ふわっと笑みがこぼれませんか。

「結果自然成」のですから、あせらずに、現実を受けとめてみてはいかがでしょうか。

2

自分を見失っては、もったいない。

放下着

ほうげじゃく

「あの人は、私よりそつなく仕事ができる」
「彼女は、私より楽しく暮らしているようだ」

自分に比べて他人のほうが秀でているところが見えると、ちょっとみじめな気持ちになったり、うらやましくなったり、今の自分に不満を感じます。

いっぽうで、自分のほうがその人よりも仕事ができたり、その人よりも格上だと思うと、優越感を持ち、ちょっぴり気持ち良くなるものです。

SNS（ソーシャル・ネットワーキング・サービス）の発達は、そんな自分と他人との比較がこれまでよりも容易にでき、自分の立ち位置が明確にわかる社会をつくりました。他人と比べることで一喜一憂して、心が苦しくなる人がどんどん増えているようです。

しかし、他人と比べることは自分の立ち位置を確認しているだけ。それ以上でも、それ以下でもない。

SNSは、他人の情報がスマホやパソコンを通じてどんどん入ってくるだけではありません。自分の情報も提供していかなければ仲間はずれになってしまう、という不安もあるでしょう。

そのため、他人に自分を少しでも高く評価してほしい、良く見てほしいという気持ちが強くなり、無意識のうちに自分を〝盛る〟ようになります。

それが、さらなる悩みのはじまりです。

今度は、盛ってしまった自分と実際の自分との違いに悩まされるようになります。そして、盛った自分になりたい、という強迫観念に苦しむのです。

はじめから〝ありのままの自分〟を出していれば、そんな苦しみはありません。

プライドを放り投げる勇気

仏教では、自分を良く見てほしいと思うことを「自我《じが》」として否定します。

この自我が、いちばん始末に負えません。

「放下着《ほうげじゃく》」とは、自我を捨てよ、という意味の禅語です。

自分の持っている名誉、財産、知識、立場、主義などを捨てよ、というのではなく、「自身のプライドやこだわりを捨て、その執着から離れなさい」と教えています。「ダメだったらまた拾えばいい」ぐらいの気持ちで、プライドを捨ててみましょう。最初はこわいけれど、捨て去ると肩の荷が下りて少し楽になるはずです。

自分のありのままの姿をさらけだすと、自分の気持ちに素直になれます。そして心がゆったりとしてきます。

＊

他人の〝リア充〟ぶりに翻弄されて、本来の自分を見失うほど残念なことはありません。他人をうらやましく思っているばかりでは、いつまでたっても自分が望む充実した生活は送れません。

プライドを放り投げ、〝ありのままの自分〟を自分で評価してください。他人のことは気にしませんよ、という心持ちで暮らせば、「自分ならでは」の充実した生き方ができるはずです。

3

今やっていること以外は、すべて〝妄想〟にすぎない。

莫妄想

まくもうぞう

「比べる」ということをもう少し深掘りしてみましょう。

シェイクスピアは、作品のなかで「人生は選択の連続である」という名言を残しています。

たしかに、「今日はどの靴をはいて出かけようか」「ランチは何を食べようか」「この本を買おうか、やめておこうか」というような日常の選択から、「彼と結婚するか、しないか」「手術を受けるか、受けないか」という人生を決めるような選択まで、私たちは選択の連続のなかに生きています。

選択の積み重ねが人生というわけです。

そして、選択とは比べることであり、ものごとを対立的にとらえることでもあります。

たとえば、同時にAとBという2つの仕事が舞いこんだとしましょう。そうすると、金銭的な条件、仕事の楽さ加減など、いわゆる「損得」でどちらかを選びがちになります。AとBの仕事を対立的にとらえていますね。

ところが、Aの仕事のほうが得だと思ってやってみたところ、じつは業務の途中でいろいろな問題が起きて、やっぱりBの仕事を受けておけばよかった、ということも少なくないでしょう。選択ミスを悔やむことになります。

心を縛るものはすべて〝妄想〟

「莫妄想《まくもうぞう》」という禅語があります。

妄想することなかれ、という意味です。「妄想」というと一般的には、根拠もないことをあれこれと想像すること、空想、いかがわしい考え、などの意味で使われるでしょう。

しかし、禅での妄想はもっと広い意味で、心を縛るものすべてを指します。「今やっていること以外はすべて妄想である」というのが禅の考え方です。「今」だけに集中していれば、妄想など断ち切れるというわけです。

もちろん、修行を積んだ僧侶でも一切の妄想を断ち切ることはできません。妄想をできるだけ減らしていくようにしていくことを心がけています。

じつは、妄想を生みだす大本《おおもと》にあるのが、ものごとを対立的に考える思考です。生死、愛憎、美醜、貧富、損得、優劣、好悪など、対立的にとらえることで妄想が生まれ、それが心の雑念になるのです。

目の前のことだけに集中していれば、妄想の出番はありません。あれこれ考える暇がないのですから。

*

前述のAとBの仕事の選択は、まさに「損得」という対立でとらえたことで、こちらのほうが得だろう、という妄想が生まれたのです。

では、どちらかを選ばざるを得ないときにどうすればいいか——。

私なら〝縁〟を感じるほうを選びます。仕事であれば、以前からおつきあいのある方の紹介であるとか、好評だった仕事に似た内容であるとか、「縁があるな」と感じるほうです。

その仕事がたとえ困難であっても、いい方向に展開することが多いように感じます。また、うまくいかなくても悔やまないものです。

4

人間関係の悩みは、ほとんどが〝思いこみ〟。

慈悲

じひ

私たちは、まわりの人たちとの人間関係のなかで生かされています。良好な人間関係が築けていれば、多少の悩みや苦しみがあっても、そこそこ幸せに暮らせるものです。

ところが、人間関係がギクシャクしていると心が重くなり、ストレスやイライラが募ります。

人間関係はお互いの言葉や態度に影響を受けます。相手のちょっとしたひと言が心に突き刺さり、「この人は私のことが嫌いなのでは?」「私に恨みや憎しみを持っているのでは?」と感じたことはありませんか——。

もちろん、恨みや憎しみから発する言葉もあるかもしれません。しかし、じつは言った本人にはそんな気持ちはさらさらないのに、受けとる側がそう感じてしまうことがほとんどのようです。

たとえば、上司からの叱咤。励まして、やる気を奮い立たせようとしているにもかかわらず、部下は「私のことを敵対視しているのでは?」「私を担当からはずそうとしているのでは?」と受けとってしまう場合もあります。成長を期待しての叱咤が、受けとり方次第で180度変わってしまいます。

叱咤を前向きにとらえる部下はどんどん成長し、能力を存分に発揮していきます。いっぽう、ネガティブに受けとる部下は仕事へのモチベーションが下がり、生産性も低下してしまいます。

叱咤《しった》されたとき、そこには観音さまがいる

叱咤は、広い意味で「慈悲」の言葉です。

『大智度論《だいちどろん》』というお経のなかで「慈悲は仏道の根本である」と述べられています。

慈悲の「慈」は、相手の苦しみや悩みを取り除いてあげたい、という慈しみの心のはたらきです。「悲」は、相手と共に悲しみ、喜びや楽しみを与えてあげたい、と思う心のはたらきです。

つまり、生あるすべての者の苦を抜いて楽を与える〝抜苦与楽《ばっくよらく》〟が、仏教の教えの根本にあります。

ここで忘れてはならないのは、「生あるすべての者」です。家族でも他人で

も、好きも嫌いもなく、誰に対しても区別することなく、慈悲の気持ちで接する、ということです。

慈悲の仏さまといえば、「観音さま」です。人々の苦しみや悩みをよく観て聴いて、いい方向に導いてくださることから、観音信仰は昔から盛んです。

*

対人不安は、ほとんどが思いこみです。

相手のひと言が心に刺さったり、叱咤されて不安になったり、あるいは、素っ気ない態度をとられて心がざわついたとき——。

そんなときは、相手を観音さまだと思ってください。

〈観音さまなんだから、私をやさしく見守っていてくれている〉

そう思えば、心がスッと軽くなります。

もちろん、自分自身も、相手に対して、慈悲の気持ちで接する観音さまであることを心がけたいものです。

5

ミスをしても、落ちこまないで前に進むには。

過（あやま）ちて改（あらた）めざる是（こ）れを過ちと謂（い）う

仕事でも日常生活でも、ミスや失敗はつきものです。ちょっとした油断でミスをしてまわりに迷惑をかけたときには、悔しいやら、情けないやらで、いたたまれません。

しかし落ちこんだままでいても時間が解決してくれるわけではありません。ミスをしたときに真っ先にやらなければならないのは、ミスを素直に認め、迷惑をかけた人に謝ることです。

謝罪には〝賞味期限〟があります。謝罪は早ければ早いほど、相手の心に響きます。また、傷口が浅くてすみ、軌道修正がやりやすいものです。

たとえば書類の提出をうっかり忘れてしまっても、「すみません。忘れてしまいました。今すぐやります」とすぐに謝れば、上司からは「気をつけてくれよ」のひと言でおさまります。

ところが、「お客さま対応が長引いてできませんでした」などと言い訳をして素直に謝れない人や、グズグズして黙っていたり、ミスそのものを隠してしまう人もいます。

上司としては、「できないなら早く言ってくれよ」「やると言った以上、キミの責任だろう。できなかった言い訳なんか聞きたくない」という気持ちになるでしょう。その後の上司との関係にも支障をきたします。

マスコミに登場する企業不祥事の多くも、誤りを隠蔽して素直に謝れないところから社会問題に発展しています。たとえ不正があったとしても、ただちにそれを認めて謝罪すれば、そんなに大きな問題にはならなかったのに、ということがほとんどです。

反省はしても、後悔をしない

「過《あやま》ちては則《すなわ》ち改《あらた》むるに憚《はばか》ること勿《なか》れ」

「過ちて改めざる 是《こ》れを過ちと謂《い》う」

『論語』に記されている有名な言葉です。『論語』は、人はどう生きるべきかを教えてくれる中国の古典です。

「人は過ちをおかすものだが、過ちに気づいたら、ただちに改めなさい。過ちをおかしていながら改めないのが、本当の過ちである」といっています。

改めるための第一歩が「潔く認めること」「謝ること」です。

自分がおかした罪や過ちを告白して悔い改めることを「懺悔」といいます。キリスト教の言葉のイメージがありますが、元は仏教の言葉で「さんげ」と読みます。

禅宗では、おつとめのはじめにかならず『懺悔文《ざんげもん》』という短いお経をとなえます。

私たちは毎日の生活のなかでかならず過ちをおかしています。それを、そのままにしておかず、おつとめのごとに気づき、反省するためにとなえるのです。反省して後悔しない――。それが前向きな生き方につながります。

＊

ミスをしてもただちに謝り、自分をリセットして、その後は同じ失敗をくり返さない人は、言い訳ばかりで素直に謝れない人よりも、はるかに評価を得られます。

6

たまには、重たい〝心の鎧《よろい》〟をおろそう。

露

ろ

私たちは社会生活のなかで知らず知らずのうちに、心に鎧《よろい》をまとって暮らしています。

〝心の鎧〟とは、地位、学歴、家柄、仕事の実績、過去の功績など——、自覚とかプライドと言っていいかもしれません。あるいは、自分らしさを意識するあまり、心に鎧を着こんでいることもあるでしょう。

たとえば、部下と接するときには、上司としてふさわしい言動になります。いつも身だしなみをキチッと整えている人だったら、ちょっとでもくだけた格好で出かけられないと思って服選びをするでしょう。このように、誰もがさまざまな心の鎧をまとっているものです。

禅では、一点の隠れもなく、むき出しになった状態を「露《ろ》」といいます。「露」は、あらわれる、透けて見える、という意味で、「露見」や「暴露」という言葉もあります。心の鎧をすべて脱ぎ捨てた状態と同じです。

一日のうちで一度か二度、重たい心の鎧を脱いで、〝素の自分〟になることを、私はみなさんにおすすめしています。

具体的には、ご先祖さまに手を合わせることです。それは感謝の時間です。

今日一日を振り返り、「こんなことがありました」「私の対応は、あれでよかったのでしょうか」「ひょっとしたら彼にイヤな思いをさせる言葉だったかもしれません」などと、〝素の自分〟になって、ご先祖さまと対話します。

そして最後は、「おかげさまで今日一日を無事に過ごすことができました。ありがとうございます」という感謝の言葉で終わります。

就寝前の一度だけでかまいません。

ご先祖さまと対話すると、不思議とざわついた心が落ち着き、感謝の気持ちが芽生えてきます。

ご先祖さまになら〝素の自分〟を見せられる

仏壇にお参りするのは、まさに、ご先祖さまの前で露《あらわ》な自分をさらけだす、ということです。

かつてはどこの家にも仏壇があり、ご先祖さまに手を合わせていましたが、現代では仏壇を置く場所が確保できない住宅も多いと思います。お参りの場所は仏壇にこだわることはありません。ご先祖さまの写真や、お寺や神社からいただいたお札でもいいのです。それを部屋のできるだけ落ち着けるところに置いて、お参りの場所にします。

そこは、あなたにとって心を整える最高の場所になります。

アップルの創業者スティーブ・ジョブズは仏教徒として知られていました。彼の心を整える場所は、仏壇ではなく、鏡の前でした。鏡の前で、露な自分をさらけだし、自分自身と対話したそうです。彼にとって、自分を映す鏡の前が心を整える場所だったのですね。

＊

ご先祖さまの前で手を合わせ、対話をして、重たい心の鎧をおろしてください。身も心もすっかり軽くなり、気持ちが前向きになります。

7

行き詰まったら、その場から距離をおいてみる。

喫茶去

きっさこ

ものごとに取り組んでいるときに、いくら考えても策が見出せず行き詰まってしまうことがあります。ひとつのことばかり考えすぎて、頭のなかが凝り固まってしまうんですね。

そんなときは、一度、頭のなかをリセットすることです。

ちょっと散歩に出かけて自然にふれてみたり、オフィスだったら、屋上でぼんやりと夕日を眺めたりするのもいいでしょう。

一歩引いたところから問題を俯瞰することで、違ったものの見方ができて、解決策の糸口が見えたり、進むべき方向がわかるものです。

江戸時代、大坂・円通寺の風外和尚《ふうがいおしょう》のこんなエピソードがあります。円通寺は荒れ放題でしたが、風外和尚は、そんなことはおかまいなしに坐禅と絵を描くことばかりしていました。

ある豪商が、解決できない大きな悩みをかかえて風外和尚に相談に行ったときのこと。風外和尚は、豪商の話は聞き流し、あらぬ方向を見つめていました。視線の先は、部屋にまぎれこんできた1匹の虻《あぶ》でした。虻は室外に逃げようとしますが、障子にぶつかっては落ち、ぶつかっては落ちをくり返しています。

たまりかねた豪商が、

「和尚さま、私の相談を聞いてください」

と、文句を言いました。すると風外和尚は、

「この虻を見てごらんなさい。こんな破れ障子、どこからでも逃げだせるのに、同じところにぶつかってばかり。このままだと虻は死んでしまうね。あの虻と同じようなことをやっている人間も多いものだよ」

と答えたそうです。

豪商はその言葉を聞いて、目が覚めました。視点を変えることに気づき、救われたそうです。

心のスイッチを切り替える「お茶」の効用

「喫茶去《きっさこ》」という、よく知られる禅語があります。

「お茶を一服《いっぷく》召し上がれ」という意味で、中国唐《とう》時代の趙州禅師《じょうしゅうぜんじ》は、どんな客人に対してもお茶をすすめたという実話が語源です。

何かに集中して身心が凝り固まっているとき、そこからちょっと離れて、お茶を飲むことに集中する——。それだけで心のスイッチが切り替わります。

「まろやかで美味しいなぁ、ふわーっと口のなかに広がっていくなぁ」などとお茶を味わっているときは、仕事のことは忘れています。

＊

行き詰まりの場所から離れ、解決できないものごとを頭のなかからすべて消してしまう時間を持つ——。離れることで、それまで対象にとらわれていた身心がリセットされます。

また、感性が刺激されてアイデアが生まれるきっかけにもなります。

8

先延ばしをすると、大事な〝ご縁〟が逃げていく。

無功徳

むくどく

経営者として大成功をおさめた方、技術者や芸術家として事を成した方など、私はこれまで多くの成功者にお目にかかりました。

彼らは、とても謙虚で誠実な方たちでした。

「実るほど頭《こうべ》を垂れる稲穂かな」ということわざがあります。

真の成功者には、謙虚な姿勢で人と接する態度が、自然と身につくものなのだと思います。

そして、いろいろお話をうかがうと、成功者の多くは行動力に長《た》けていることがわかります。「すぐやる」が、成功のカギであることは間違いありません。

いっぽう、なかなか成功できない人は、何かやろうと思っても「先延ばし」にしてしまいます。せっかくのチャンスの芽を自ら摘んでいるようなものです。

先延ばしは、〝縁〟を逃すことです。

何かやろうと思った、その何かを〝縁〟と考えれば、「ちょっと縁を結んでみようかな」と、すぐやれる気がします。

たとえばウォーキング。着替えて外に出るのは面倒ですが、「健康と縁を結ぶ」と思えば、一歩を踏みだせる気がしませんか。

一歩踏みだせば、そのあとは案外スタスタと歩みを進められるものです。

すぐやる人は、見返りも果報も求めない

すぐやる人になるためのキーポイントは、「先延ばし」の心をエイヤッと捨てる〝潔さ〟です。

潔さを象徴する禅語に「無功徳《むくどく》」があります。

文字どおり「功徳なんてない」ということ。中国南北朝時代の梁《りょう》という国の皇帝・武帝《ぶてい》と達磨大師《だるまだいし》のエピソードがもとになっている言葉です。

武帝は信仰心が篤《あつ》く、多くのお寺を建て僧侶を育成していました。

そこで武帝は達磨大師に、「私は、こんなに仏教に貢献してきました。どれほどの功徳が得られるでしょうか」とたずねました。

ところが達磨大師は、たったひと言、

「無功徳！」

と素っ気なく言い放ったのです。

どれほどすばらしいおこないも、見返りや果報を求めるものではない、という意味を「無功徳」という3文字にこめたのです。

人に親切にすることやお世話をすることは〝しっぱなし〟でいいのです。

そんな潔さが大切です。

＊

成功するかどうかはともかく、「先延ばし」の心を潔く捨て去って、すぐにやる——。やってみると、とても清々しいものです。

その積み重ねの延長線上に、いい未来が待ち受けていると思います。

コラム 1

笑いとばせば、心が晴れわたる

一笑千山青

いっしょうすれば せんざんあおし

どんな困難に直面しても、笑いとばしてしまえば、目の前に世界が開けてくる。

「楽しいから笑うのではない。笑うから楽しいのだ」——こんな言葉もあります。

困難や苦悩にある人は、笑える状況ではないかもしれません。でも、だからこそ笑うのです。

困っているときは背中が丸くなります。いっぽうで、笑うときに背中が丸くなっている人はいませんね。

さあ、胸を張って「わっはっは」と笑ってみましょう。ポジティブな感情がムクムクと湧いてくるはずです。

第 2 章

大事なのは、ただ「今」を生きること

9

たしかなことは、
〝今この瞬間〟
にしかない。

深知今日事

ふかくこんにちの
ことをしる

「人間の一生」というと、どのようなイメージでしょうか――。

一生とは、生まれてから死ぬまでの間のすべて、と考えてしまいがちです。私たちは「過去↓現在↓未来」という時間の流れのなかで生きていますから、過去の栄光を懐かしんだり、未来に思いを馳せることがあります。逆に、過去の失敗を悔やんだり、未来に対して不安を抱くこともよくあるでしょう。

とはいえ、過去をやりなおすことはできないし、未来がどうなるかは誰にもわかりません。

現在がおろそかになっては、いい過去も、明るい未来もつくることはできません。心が過去や未来を行き来するあまり、人生を乗っ取られるようなことがあっては本末転倒です。

禅では「前後際断」といって、現在は、過去（前）とも、未来（後）とも切り離されていて、それ自体が絶対的な存在である、と考えます。

「今」という瞬間瞬間が積み重なって、やがて旅立つときに一生が築き上げられるというわけです。

「今」この一瞬に全集中して生きることが充実した一生につながります。

目の前にあることだけが大事

「深知今日事《ふかくこんにちのことをしる》」という禅語があります。

「今、目の前にあることを深く知り、やるべきこと、なすべきことは何なのか、自分自身がよく把握して取り組むことが大事である」という意味です。

ここでポイントになるのは「目の前にあることを深く知る」です。熟知するからこそ、じゅうぶんに力を尽くすことができます。

私たちは、明日のこと、一週間後のこと、一年後のことを考えがちです。「この仕事を片づけたら、次はあれをやろう。それが終わったら次は……」と、未来に心が縛られがちです。そうなると、今やらなければならない仕事に集中できません。

今できることは、いつでも、ただひとつです。それにじっと目を向けて、全力を注いで取り組むのです。

「人は昨日にこだわり、明日を夢見て、今日忘れる」という言葉もあります。変えようのない過去に執着し、実体のない未来を夢想してばかりいれば、今がおろそかになるのは当然です。

＊

「呼吸」を考えてみてください。息を吐いたその瞬間、その前に息を吸った瞬間のことは過去になっています。このように一瞬もとどまることなく、今を全力で生きるのです。


「明日死ぬかのように生きよ。永遠に生きるかのように学べ」

〝インド独立の父〟といわれるガンジーの言葉です。

一瞬一瞬がどれほど大事であるかを教えています。

10

「本当にうまくいくだろうか…」と不安になったら。

即今当処自己

そっこん とうしょ じこ

千葉県松戸市役所に「すぐやる課」が誕生したのは半世紀も前のことです。発案者は、当時の松本清市長。ドラッグストア「マツモトキヨシ」の創設者です。松本市長は、「〝市〟民のために〝役〟立つ人のいる〝所〟が市役所であり、市民の役に立つことを迅速にやる部署が必要だ」と考えたそうです。

さすが、マツモトキヨシを全国屈指のドラッグストアチェーンに成長させた実業家ですね。

何かをやろうとしたとき、本当にうまくいくだろうか、失敗したらどうしようと、不安がつきまといます。不安を解消してからはじめようと思っていると、結局やらずに終わってしまった、ということも多いでしょう。思ったときにやらなければ、なかなかはじめられないものです。

三日坊主ならぬ、何もしないであきらめる〝0日坊主〟では、進歩も成長もありません。やっていればよかったと、あとで悔やんでも取り返しがつきません。

禅では、「禅即行動」と教えます。

「あれこれ考えず、すぐに行動に移すのが、今を大事に生きることだ」という教えです。それが、やることの不安から解放される最良の方法です。

「どうにかなるさ」と開きなおって、即行動するぐらいでいいと思います。たとえ失敗しても、悔いることはありません。かならずチャンスはめぐってきます。何より、やらずに後悔するほど残念なことはないのですから。

「禅即行動」のいいところは、自分のできること、できないことが、いち早く明確になることです。できないとわかれば、何を修正すればできるか、具体的に考えることができます。そうすれば再挑戦も容易です。

今できることは、ただひとつ

「即今《そっこん》当処《とうしょ》自己《じこ》」という禅語があります。

「今この瞬間に、自分がいるこの場所で、自分ができることをやる」という意味です。

予備校人気講師の林修さん風に言えば、

「いつやるの？　今でしょ！」

「どこでやるの？　ここでしょ！」

「誰がやるの？　自分でしょ！」

　という感じですね。

「即今 当処 自己」は禅の鉄則です。

　未来は不確実なものでしかありません。先のことを考えて不安になり、悩んでも事態は変わりません。今、目の前にある、やるべきことを〝ただちに〟精一杯やっていくことです。

＊

　職人さんの世界では、親方は弟子にあれこれ教えません。親方が「これをやれ」と言えば、弟子は見よう見まねでやって、体で覚えていきます。
　あれこれ考えずにすぐ動く――「禅即行動」を暮らしの基本に据えていれば、人生が豊かに、面白くなります。

11

「変わるのが恐い…」と、つい躊躇《ちゅうちょ》してしまうなら。

諸行無常

しょぎょうむじょう

「変化」は好きですか、それとも嫌いですか。

人生は変化の連続なのはわかっているけれど、自分に降りかかる変化はあまり好きではない、嫌いだ、という方が多いのではないでしょうか。

今の暮らしが充実し、幸せを感じている方ならなおさらでしょう。

多少の不満はあっても、収入は安定しているし、きちんと休日があり、自分も家族も健康なら、このまま変わることなく暮らしたいと思うでしょう。

今より悪く変化するのはこわいと感じていませんか。

ただ、「変化」には、自分にとってマイナスの変化もあれば、プラスの変化もあります。マイナスの変化ばかりに気をとられ、恐れていてはプラスの変化を見逃してしまいます。

変化はいつかかならずおとずれるものですから、むしろプラスの変化を求めるぐらいのほうが人生は楽しくなると思います。

「現状維持は衰退のはじまり」という言葉もあります。

いい変化を求めて新しいことをはじめるのはとてもパワーのいることですが、現状維持に汲々《きゅうきゅう》としているようでは、人間としての成長はみこめません。

今日と同じ明日はない

「祇園精舎《ぎおんしょうじゃ》の鐘《かね》の声　諸行無常《しょぎょうむじょう》の響《ひび》きあり」

ご存じのとおり、『平家物語』の冒頭の一文です。

お釈迦《しゃか》さまの有力支援者が寄贈した祇園精舎には「無常堂」というお堂があり、死期が迫った修行僧はここに入り、最期を迎えました。臨終時には、無常堂の鐘が鳴り、修行僧たちはその音を「この世のすべては絶えず変化していくものだ」という教えとして聴いたそうです。

「諸行無常」は、仏教の根本思想のひとつです。

「森羅万象、この世の一切は、一瞬たりともとどまっていない。だから、ものごとの変化にとらわれてはならない」という教えです。

20歳の外見や体力、健康をいつまでも維持したいと思っても、それはできません。誰もが刻々と老いていきます。昨日と今日は同じに感じても、確実に「死」というゴールに近づいているのです。

変化を嫌って、無常にあらがおうとすると苦しくなります。どんなに頑張っても、無常を打ち負かすことはできないからです。

あらがってジタバタしてもしょうがないのですから、無常の流れに身をまかせたほうが楽に生きられます。変化に抵抗感を持たないほうが悠々《ゆうゆう》と過ごせます。

花を見てください。昨日までつぼみだった花がほころんでいる。翌朝にはパッと開いている。数日後にはハラハラと散っていく……。命の息吹を実感できます。

*

プラスの変化には身をまかせ、マイナスの変化には「やがて良くなるさ」と前向きに暮らす。そんな心の柔軟さが、より良く生きるポイントです。

12

心の乱れは、足元にあらわれる。

脚下照顧

きゃっかしょうこ

「片づけ上手は仕事上手」「片づけ上手は段取り上手」といわれます。

たしかに、デスクまわりが整理整頓されている人のほうが、仕事がはかどっているようです。家のなかもシンプルでスッキリ整理されている人のほうが、健やかに暮らしているように感じます。

とはいえ、なかなか片づけられない人が多いようで、片づけをテーマにした本や雑誌はよく売れているそうです。

私は片づけの極意を、曹洞宗《そうとうしゅう》大本山總持寺《そうじじ》で修行僧時代に会得しました。禅修行は掃除をもってはじまるといわれ、掃除が何よりも大切な修行とされています。お寺の内外の掃き掃除や、お堂内の雑巾《ぞうきん》がけの日々でした。

本山では、多くの修行僧たちとの共同生活になります。掃除道具ひとつとっても、箒《ほうき》や雑巾、バケツなど、次に使う人が困らないように、使ったら定位置にかならずもどすことが習慣化されています。また、次に使う人のために、箒にひっかかっている落ち葉を払い落とし、雑巾もきれいに手洗いします。

そんなときに思ったのが、「片づけは次の準備」ということです。

「片づける」という意識では、なかなか前向きになれないものですが、次の準備だと思うと、意外と片づけることもイヤじゃなくできるものです。

「靴をそろえなさい」に含まれる意味

「スリッパが曲がっている人は、心も曲がっている」

これは永平寺貫首を務められた宮崎奕保禅師《えきほぜんじ》がいつもおっしゃっていた言葉です。

脱いだ靴の乱れには、心の乱れがあらわれている、ということです。

禅寺の玄関に、よく「脚下照顧《きゃっかしょうこ》」という禅語が書かれた板が立てかけられています。

「はきものをそろえなさい」という注意書きですが、この言葉には「心を整えなさい」という意味も含まれています。「はきものも、心も整えてお上がりなさい」ということです。

気もそぞろで慌てているときなどは、靴をそろえることもおろそかになりがちです。つまり、靴がそろえられない人は心が整っていないというわけです。どこかに心の乱れがあると、忘れものをしたり、簡単なことをミスしたりします。

靴をそろえるのはわずか数秒のことです。慌てていても、かならず靴やスリッパをそろえる——。これだけで、心が整うものです。そして、それが次にはくときの準備にもなっています。

また、「脚下照顧」には、「足元のことを一つひとつ確実にやっていきなさい」という教えも含まれています。自分にできることを確実に積み重ねていくことで、目標に近づくことができるのです。

*

デスクの整理整頓も、キッチンの洗いものも「次の準備」です。

すぐにスタートできるように準備する。それが習慣になると、とても快適に暮らすことができます。

13

「集中できない…」を克服するヒント。

一息〈いっそく〉に生きる

「集中力がなくて、すぐに別なことを考えてしまうんです」

「集中力を持続させる方法はありませんか」

こんな相談を受けることがあります。集中力について禅の教えを知りたいということです。相談者は20代、30代の比較的若い方が多いようです。

「明日の会議のレジュメをまだつくってなかったな」「〇〇さんに電話連絡しなければならなかった」「今日のランチは何にしようかな」——。

彼らは、今とりかかっている仕事になかなか集中できないようです。

あるいは、あれこれ用事を頼まれ、電話やメールがひっきりなしで、「集中しなければ」とあせるほどに、目の前のことがいつまでも片づかない、ということもあるでしょう。

「集中しなければいけない」と思ったところでどうにもならないとき、私はただ一点、「深呼吸をくり返しましょう」とアドバイスします。

姿勢を整え、丹田《たんでん》を意識しながら、ゆっくりと深呼吸を数回くり返してください。丹田とは、おへそから二寸五分（約7・5センチ）下の腹の中心部のことです。具体的な形があるものではありませんが、禅では、きわめて重要な場所だと考えています。丹田を意識した腹式呼吸を「丹田呼吸」といいます。

丹田呼吸によって、集中するための脳の準備が整います。

〝ながら〟をしない

「一息《いっそく》に生きる」という禅語があります。

「人生において、息を吐いて吸う、その呼吸（一息）の瞬間だけが真実である。その瞬間を一所懸命、全力で生ききりなさい」という意味です。

前の呼吸も、次の呼吸も、「今」の呼吸ではありません。だから、今この瞬間の呼吸をすべてとして、集中しなさいと教えているのです。

丹田呼吸をして作業をはじめると、集中している自分を実感できると思います。


「一息に生きる」ためのコツは〝ながら〟をしないことです。

食べながら新聞を読む、音楽を聞きながら仕事をする、テレビを見ながらスマホを操作する――。

ひとつのことに集中すると、〝ながら〟はできないものです。〝ながら〟をすると、どうしても中途半端になります。仕事をするときは仕事をする人になりきる、遊ぶときは徹底的に楽しんで遊ぶ人になりきることが、その瞬間を全力で生ききることにつながります。

*

仕事に集中するなら、まずは姿勢を整え、最初の3〜5分間だけ丹田呼吸。

そして、今の仕事に全身全霊で取り組んでみてください。

14

人生は、ときに立ち止まることも大切。

七走一坐

しちそういちざ

昭和の時代に見られたモーレツ社員は、すでに化石のような存在になりました。〝会社＝人生〟などという人は、今や、皆無と言っていいでしょう。

それでも、自身の目標達成のために人生を全力疾走している人は少なくないと思います。

成功した人に話を聞くと、「これまでの半生、立ち止まることなく、がむしゃらに走りつづけてきた」「競争社会を勝ち抜きたいなら、休んでいる暇などない」と、みなさんが話します。

全力疾走をつづけられる人はすごいです。しかし、誰もがそうできるわけではありません。多くの方は、息切れしたり、立ち止まったり、挫折して、その場でへたりこんだりしながら人生を歩んでいます。

走りつづける必要なんてない

私は、モーレツに走りつづけるより、ときどき立ち止まり、自分を見つめなおすことのほうが大切だと思っています。

休む大切さを教えてくれるのが、「七走一坐《しちそういちざ》」という禅語です。

「7回走ったら、いったん坐［座］って休みなさい」といっています。

休みなく走っていると、自分のフォームを忘れてしまいます。フォームとは、自分自身の生き方や、向かう方向と言っていいでしょう。

階段の踊り場でいったん休むように、立ち止まって自分を見つめなおすのもこれからの人生に大切なことです。

がむしゃらに走りつづけている人に追い越されても、あせることはありません。あせればあせるほど自分を見失ってしまいます。

ある程度頑張ったら、いったん立ち止まるほうがゴールに到達する近道だと思います。


中国の禅僧の、こんな話があります。

その禅僧は、一日を終えて就寝する前に毎日かならず自分自身の葬儀をしたそうです。今日一日が終わったから、今日の自分の命に決着をつける、ということです。こうして翌朝、また新たな命として一日をはじめるのです。

「一日一止《いちにちいっし》」という中国の古典の言葉もあります。

「一日のうちに一度は立ち止まり、自分を振り返りなさい」という意味です。

「一」と「止」をつづけて書くと「正」の字になることから、「立ち止まることで正しい生き方ができる」と言っているようです。

*

一日一度立ち止まり、「今日はいいレポートが書けたな」「彼に対して思いやりが足りなかったな、もうしないぞ」などと、今日一日を振り返ってみてください。

そして、「よし、今日はもうおしまい」と今日に決着をつけてから休めば、ぐっすり眠れ、一日の疲れがとれ、明日への活力がみなぎります。そんな意識を持てば、今日も明日も同じにダラダラと過ごすようなことがなくなるでしょう。

15

とても苦しいこと、悲しいことに直面したら。

災難に逢《あ》う時節《じせつ》には災難に逢うがよく候《そうろう》

一生のうちには苦難がいくつもめぐってきます。

2011年の東日本大震災、2020年からの新型コロナウイルスによるパンデミックなどは、その最たるものでしょう。

〝人生山あり谷あり〟であるのは、誰もがわかっています。

しかし、現実として苦難に直面したとき、ジタバタせずに平気でいられる人はいません。やりきれない気持ちになり、心はへし折れ、絶望感に襲われることもあるでしょう。

そんなとき、どう受けいれればいいか――。

禅では、「竹になりなさい」と教えています。

樹木は強風にびくともせずに立っていますが、台風などの突風に耐えきれなくなると折れてしまいます。いっぽうで竹は風にあおられて一見軟弱そうに見えますが、台風が来てもしなやかに風を受けながして折れません。また、竹は重たい雪をもはねのける強さがあります。

苦難という〝人生の台風や大雪〟に対して、竹のような柔軟性や強靱さを身につけたいものです。

不条理を真正面から受けとめるには

「災難《さいなん》に逢《あ》う時節《じせつ》には災難に逢うがよく候《そうろう》
死ぬる時節には死ぬがよく候
是《これ》はこれ災難をのがるゝ妙法《みょうほう》にて候」

これは「災難に遭ったら、それから逃げだそうとはせずに、災難を受けいれるのがいいでしょう。死ぬときが来たら、死を覚悟するのです。これこそが災難を逃れるいい方法なのです」という意味です。

死傷者が3000人を超えた新潟の大震災（文政11年・1828年）のときに、禅僧の良寛《りょうかん》さんが子どもを亡くした友人に送った見舞い状です。

生涯、お寺を持たず、日々托鉢《たくはつ》で暮らし、子どもから大人まで広く親しまれた良寛さんは、「苦難を真正面から受けとめなさい」と言っています。

悲嘆にくれる友人には厳しすぎる言葉です。しかし、良寛さんには禅僧としての覚悟があったのでしょう。

私たちがどれほどの手を尽くしても避けられない苦難があります。しかしそこから目をそむけたら心が萎《な》えてしまいます。気持ちが折れてしまいます。だとしたら、それを受けいれて「今」を精一杯生きるしかないと、良寛さんは友人に伝えたのです。

＊

人間は何も持たず丸裸で生まれてきます。何も持っていないけれど、誰もが計り知れない可能性を秘めています。

苦難に直面して、やりきれない気持ちになり、心がへし折れたとしても、それは丸裸で生まれたとき以下ではありません。そこにはかならず「転じる力」があります。計り知れない可能性があるのです。

そのことを知っておけば、立ちなおるきっかけが見つかるはずです。

16

〝あたりまえ〞に感謝できれば、ムシャクシャしない。

あるべきものが、あるべきところに、あるべきように、ある駅のエスカレーターの前に、「故障中のため、階段をご利用ください」の立て札が――。

「エーッ！　そんなぁ～」

毎日あたりまえに利用しているものが、その日そのときに限って利用できないとがっかりです。「チェッ」と舌打ちする人もいるでしょう。

お風呂でシャンプーを使おうとしたら、空っぽになっている――。

いつもあたりまえに母親が詰め替えてくれていたのに、たまたまその日に限って忘れていたら、がっかりです。

「どうして詰め替えておいてくれなかったの！」と母親に突っかかる人もいるでしょう。

人は、あたりまえのことほど、それに対する感謝の気持ちを忘れがちではないでしょうか。

〝あたりまえ〟をもう少し深掘りしてみましょう。

私たちは毎朝目覚めます。いつもと同じように一日がはじまります。それをあたりまえと錯覚してはいませんか？

夜寝るときに、翌朝、目覚められるという保証は何ひとつありません。未来のことなど、誰にもわからないのです。

朝、目覚めたら、生あることに感謝する――。そこから一日をはじめると、毎日が新鮮になります。

〝あたりまえ〟は、感謝の心

「あるべきものが、あるべきところに、あるべきように、ある」

これは、宮崎奕保禅師《えきほぜんじ》（１９０１～２００８年）の言葉です。

宮崎禅師は、長く曹洞宗《そうとうしゅう》大本山永平寺《えいへいじ》の貫首を務められ、１０６歳の天寿を全《まっと》うするまで、修行僧の先頭に立って坐禅一筋の生涯を貫きました。

時が来れば花が咲き、虫が鳴くように、自然の法則にしたがって暮らすことこそが悟りであり、まさに、これが、あたりまえのありようです。

〝あたりまえ〟を見直してみると、そのことに気づかされます。

私たちがあたりまえのように毎日、食物を食べられるのは、生産者がいて流通があり、料理をつくってくれる人がいるからです。さらに言えば、お天道《てんとう》さまや水があって作物が実るのです。

自分で働いて給料をもらうのも、働く環境を整えてくれる会社があり、周囲の人たちに支えられているからこそです。

「あるべきものが、あるべきところに、あるべきように、ある」とは、じつは簡単なことではなく、ありがたいことなのです。それこそが、感謝の心である、ということです。

*

〝あたりまえ〟を大事にすれば、自分自身の行動も変わります。

なすべきことを、なすべきところで、なすべきように、する——。そんな、あたりまえの行動をつづけることが、毎日をていねいに暮らすことにつながります。

17

毎日を淡々と過ごせることは、すごいこと。

親死に　子死に　孫死ぬ

仏教では、私たち生きものは「生きている」ではなく「生かされている」と考えます。

命は、単独で存在するのではなく、さまざまな〝縁〟が重なって生まれ、世界のありとあらゆるものとかかわりを持って存在しています。

自分の命は、自分だけのものではなく、あらゆるものに生かされているわけです。

生かされていることを実感するのは、病気を患ったときではないでしょうか。体の自由を奪われ、ベッドに横になって快復を待っている間は、まさに「生かされている」状態です。健康のありがたさを実感します。

私たちの体のなかで、自分の意思で動かすことができるのはごく一部です。心臓をはじめ五臓六腑はもちろん、脳も、体をめぐる血液も、自分が動かしているわけではなく、自分の意思と関係なく動いてくれているものです。それが、命を育んでくれます。

ですから、ふだんから生かされていることに感謝し、自分の体をいじめるような不摂生は避けたいものです。

〝順送り〟という幸せ

こんな逸話があります。

とんちで知られる一休和尚《いっきゅうおしょう》が、檀家さんに「孫ができたので、この掛け軸に何かありがたい言葉を書いてください」と頼まれました。

一休和尚は快諾し、すぐに筆を執りました。その一筆が、

「親死に 子死に 孫死ぬ」

でした。

驚いた檀家さんは、「死ばかりで縁起でもない。どこがありがたいのですか」と訴えました。すると一休和尚は、

「ではその逆、『孫死に 子死に 親死ぬ』と書こうかのう。親、子、孫と順番どおりに死んでいくのが、その家にとっていちばん幸せ。ありがたいことじゃ。逆はつらかろう」

と言ったのです。

檀家さんは納得し、「まさに、そのとおり」と、喜んで掛け軸を持ち帰りました。

この逸話は、江戸時代の博多の禅僧・仙厓《せんがい》和尚のものであるともいわれていますが定かではありません。いずれにしても、〝順送り〟で年寄りから逝くことのありがたさが伝わってきます。

「あたりまえのことほど、ありがたいものはない」という意識を持つことはとても大切です。

＊

毎日を淡々と過ごす――。一見、平凡で退屈に感じますが、じつは何よりすごいことなのかもしれません。

「今日一日、ありがとうございました」

生かされていることに感謝し、手を合わせてから床につく。そんなことが、人生を豊かにしてくれるのかもしれません。

コラム
2

今できることを、精一杯に黙々と

巌谷栽松

がんこくにまつをうえる

険しい谷の岩肌に松を植える。松の成長は見られなくても、植えることに意味がある。

松の成長は遅いので、見事な成木の姿を見られるのは遠い先です。

もしかすると、厳しい環境に耐えられず枯れてしまうかもしれません。

しかし、それでも松を植えなさいと、この禅語は教えます。

今できる目の前のことを精一杯やる。成長や成功を信じて努力しつづける行為こそが尊いのです。

その積み重ねが〝禅の生き方〟です。

第 3 章

もう、他人には縛られない

18

人の話を聞きすぎない、気にしない。

回向返照

えこうへんしょう

「老後資金として2000万円が必要になる！」

数年前、金融庁報告書案が発表され、大いに話題になりました。

私たち国民の老後生活にかかわることであり、公的年金不足なのでは⁉ という不安も広がりました。当時の金融担当大臣が「その報告書は受けとらない」と発言したことから大炎上したのは記憶に新しいですね。

報告書の試算は高齢者の家計の平均に基づくというので、2000万円の貯蓄がない中高齢者はとても不安になりました。

しかし、よく考えてみると、それはあくまでも「平均」です。

誰もが2000万円必要というわけではありません。当てはまる人もいれば、当てはまらない人もたくさんいます。

「平均」は、誰も安心させてくれません。

老後資金の話は一例ですが、私たちは「平均」とか「一般的」を気にしすぎだと思います。

世の中の情報化が進み、情報がどんどん一人歩きするようになりました。

それに踊らされ、「平均」や「一般的」に敏感になっているようです。以前は知らないままですんでいた情報をイヤでも知ってしまう社会になりました。

そのため、みんながやっていることはあたりまえに自分もやらなければと、間違った思いこみを持ってしまうこともあります。「自分は自分、人は人」というスタンスで情報を聞き流すぐらいでちょうどいいと思います。

内なる自分の心と対話する

「回向返照《えこうへんしょう》」という禅語があります。

「外へ目を向けてばかりではなく、内なる自分の心に目を向けて、それを照らしましょう」という意味です。

中国臨済宗の祖・臨済禅師《りんざいぜんじ》の言葉です。

自分がどのような生き方をしたいのか、何をしたいのか、そのためには今、何をすべきか、常に自問自答していれば、「平均」とか「一般的」という周囲の情報に惑わされることはないのです。

私の仕事である庭園デザインの最終段階では、工事現場でひとり、庭と向きあい、内なる自分の心と対話します。

禅修行によって得た心の内なるものを、無限定に表現すること――。これが〝禅の庭〟です。まさに「回向返照」です。

*

そもそも、平均的な生き方なんてありません。

老後の暮らし方も人それぞれです。

誰もが有料老人ホームに入居するわけではありません。最期までご家族と暮らし、自宅で看取られる人もいます。あるいは、楽しみながら独居生活をつづけ、そのまま一生を遂げられる人もいます。なにごとも、統計データにだまされてはいけません。

「老後資金は2000万円？　そうかい、そうかい、わかったよ」

聞き流して我が道を行くほうが、楽しく生きられます。

19

「常識」は移ろうが、「道理」はいつの世も変わらない。

人を相手にせず　天を相手にせよ

地球温暖化により、世界中で異常気象が頻発しています。日本においても猛暑や台風などで毎年のように大きな被害が出ています。

猛暑では、経験したことのない暑さが何日もつづき、熱中症などで多くの方々が救急搬送されています。

台風も大型で速度が遅い、荒天が長くつづくものが多くなりました。また、夏の早いうちから発生するようになりました。もはや、「台風」は秋の季語ではなくなったような気がします。

まさに、世界の気象にはこれまでの「常識」は通用しません。天気予報も発達していますから、常識にとらわれず事前に対策をとるべきでしょう。

人の生き方についても、いたずらに常識にとらわれないことが大切です。それが自分らしく生きることだと思います。

たとえば、みんなで話しているときに、「私、知らなかったわ」と正直に言うと、「えーっ！　常識よ」と、みんなから言われ、自分が非常識なのかと不安になる場面があるかもしれません。

しかし、それは常識でも非常識でもありません。新しい話題を得ているか、いないかの違いだけです。何ひとつ不安になることはありません。

「常識」を辞書で引けば、「社会的にあたりまえと思われる行為、その他ものごとのこと。社会通念ともいう」とあります。

私は、常識を「道理」として考えたほうが間違いないと思います。道理とは、「ものごとがそうあるべきすじみち。ことわり。人のおこなうべき正しい道」です。

常識はすべてが正しいこととは限りませんが、道理は時代が移り変わろうとも変わることのない、かならず正しいことです。

お天道《てんとう》さまはすべてお見通し

「人を相手にせず 天を相手にせよ」

西郷南洲翁《さいごうなんしゅうおう》(西郷隆盛《たかもり》)の有名な言葉です。

この「天」とは、世の中の道理とか、真理の意味だと思います。

南洲翁は「常識をふまえつつ、いたずらに常識にとらわれず、道理にしたがって生きたらいい」と教えてくれているのでしょう。

これは禅の教えにも通じます。

禅の世界では「常識」自体が存在しないと考えます。そもそも、何もかもに正しい答えがないのです。ですから、「常識よりも、他人を傷つけない、卑怯なことをしない、といった道理に照らして生きよ」ということです。

＊

みんなが言っていることに右往左往せず、本当に今これが必要なのか、本当に今なすべきことは何なのかを、よく自問自答して判断していくことが大切です。

また、「お天道さまは見ている」「天命にまかせる」という言葉があります。南洲翁の言葉は、「自分を超えた力を信じ、それに照らしあわせて生きよ」とも受けとれます。

20

自分の感性を信じ、心のままに楽しむには。

木鶏鳴子夜

もっけいしやになく

常識が正しいとは限らないことは前に申し上げましたが、ここではもう一歩進んで、自由自在に自分の感性を信じて行動することについて考えてみましょう。

「自由自在」といえば、やはり良寛《りょうかん》さんでしょう。

人里離れた草庵で質素な生活をつづけ、食べるものが尽きれば、里へおりて托鉢《たくはつ》をして歩き、里の子どもたちと無邪気に遊びました。

そんな生き方を無上の喜びとした良寛さんは、

「優游復優游《ゆうゆうまたゆうゆう》」

と詠《よ》んでいます。

「優游」とは、「ゆったりとして心のままに楽しむ」といった意味です。

草庵での清貧の生活を、まさにゆったりと楽しんでいたのでしょう。たずねてくる友と般若湯《はんにゃとう》（酒）を酌《く》み交わすこともありました。

良寛さんは、すり鉢ひとつで生活していたそうです。みそ汁を飲んだりご飯を食べる食器として、米をといだり胡麻をする調理器具として、顔や手足を洗う洗面器として、また托鉢の鉢として使っていました。ちなみに、酒を飲んだその鉢でご飯を食べ、食べ終えてからみそ汁を飲んだとか……。

良寛さんの〝常識を突き抜けた境地〟は、こんな生活ぶりにも垣間《かいま》見ることができます。

本当の〝自由〟を手に入れる

「木鶏鳴子夜《もっけいしやになく》」という禅語があります。

「芻狗吠天明《すうくてんめいにほゆ》」と対句を成す言葉で、「木彫りの鶏が深夜に鳴き、わら細工の犬が夜明けに吠えた」という意味です。

木彫りの鶏が鳴くわけがありませんし、わら細工の犬が吠えるわけがありません。さらに、鶏が鳴くのは夜明け、犬の遠吠えは深夜と決まっています。まるっきりあべこべです。

それぐらい、世の中の常識とか社会の基準にとらわれない、自由な発想で生きるべしと、この禅語は教えてくれます。

「自由自在に自分の感性を信じて行動する」ということでは、私の庭デザインも良寛さんに共通する点があると思います。

＊

私の庭づくりは、自らの発想を一切排除し、〝無我《むが》〟の状態で土地の声を聞くところからはじまります。つまり、こんな庭にしたい、ここにどんな石を持ってくるかなど、自分の意思を排除するのです。

土地の声を聞くことを、私は「地心を聞く」と言っています。まず現地をおとずれて、自分を無我の状態にして、地心を聞き、木心、石心を聞きます。そうすることで自ずと〝自分の禅の考えにそった空間〟があらわれてきます。

自分の感性を信じて行動してみると、それまでにない自由さを感じ、本来の自分に気づくことができるはずです。それが「優游」の境地なのかもしれません。

21

挑戦しつづけると、仕事も人間関係もうまくいく。

無一物中無尽蔵

むいちもつちゅう
むじんぞう

これまでやったことのない仕事を依頼されたとき、あなたならその仕事を引き受けますか——。

内容にもよるでしょうが、「よし、やってやろう」と引き受けるか、それとも失敗したくないので逃げてしまうか。

なかなか腹が据わらずに逃げてしまう人のほうが多いのではないでしょうか。とくに最近の若い人たちには、そのような傾向があるように感じます。

自分が経験したことがないことに取り組むのは不安がついてまわります。失敗して取り返しがつかないことになったら依頼者に迷惑をかけると思うと、なかなか決断できません。

それでも、恐れずにチャレンジする生き方を選択してほしいと思います。

私の庭園デザインの仕事は、「庭をつくる」ということにおいてはいつも同じですが、まったく同じ庭をつくることは物理的にできません。空間、建物、石、光……、すべてにおいて同じものはないのですから当然です。

依頼者は私のこれまでの仕事をご覧になって依頼されます。もちろん、依頼者の希望やお考えはうかがいますが、たいていは私を信頼してまかせてくださいます。

信頼されているからといって、これまでどおりの仕事では、そこまでです。依頼者は満足してくれるでしょうが、自分にも成長はありません。

私は常に、「こんな工夫があるのか！　枡野にまかせてよかった」と思っていただける仕事を目指しています。

それは、斬新にすべてを変えるのではなく、いつもの作庭の考え方をベースにしながら、これまで自分がやったことがない工夫を少しとりいれてみることです。新たな小さな挑戦を重ねることで大きな失敗はせずに〝自分流〟を積み上げていっています。

開き直り、腹を据えてとりかかる

「無《む》一《いち》物《もつ》中《ちゅう》無《む》尽《じん》蔵《ぞう》」という禅語があります。

人は、何ひとつ持たずに生まれてきます。それが人の本来の姿です。

私たちは生きていくなかで、さまざまなものを手に入れてきましたが、はじめは何もなかったのです。

「自分の築いてきた社会的地位や仕事をたとえ失ったとしても、生まれたときの姿にもどるだけ。またやりなおせばいいのです。だから、手に入れたものを失いたくないと執着して苦しむ必要はない」という意味です。

挑戦をする生き方を一度身につけると、仕事も人間関係もどんどんいい方向へ転がっていきます。これを私は〝雪だるま式流転《るてん》〟と呼んでいます。

*

最初の一歩から逃げないことです。

やったことのない仕事であっても、相手はあなたならできると思って仕事を依頼しているのです。

大変だと思っても、開きなおり、腹を据えてとりかかってください。やりきったときの喜び、充実感はひとしおです。

22

自分に負けない〝強さ〟を身につけるには。

八風吹不動

はっぷうふけどもどうぜず

ビジネスパーソンであれば、かならずなんらかの成果を求められます。

今の時代は「成果主義」が主流ですから、誰もが成果にこだわるのは当然でしょう。そこに競争原理がはたらくのは致し方ありません。

しかし、同僚との勝ち負けにこだわるあまり、「足を引っぱる」「手段を選ばない」といったことがあってはいただけません。人間関係が悪くなるばかりか、会社の成長も危ぶまれます。

勝ち負けにこだわるのなら、〝自分との勝ち負け〟です。

まわりに何も言われなければ、楽なほうへ楽なほうへ流れてしまうのが、人間の性《さが》です。自分の怠け心に活を入れて、自分の限界に立ち向かってほしいものです。

もちろん日常生活でも同じです。「寒いからイヤだなぁ」「起きたくないなぁ」「あとでやればいいか」と、布団にもぐりこんだり、ダラダラとソファに寝そべっているようでは、自分に負けています。

「よし、起きるぞ!」「よし、はじめるぞ!」と、パッとスタートしてみましょう。その一歩の踏み出しが、確実に自分の力となります。

揺れっぱなしの心をコントロールする

心の動揺を落ち着かせるこんな禅語があります。

「八風《はっぷう》吹《ふけども》不動《どうぜず》」

禅では、人の心を惑わす8つの風があるといいます。4つの「いい風」と4つの「悪い風」です。

いい風は、

「利《り》」＝成功すること　「誉《よ》」＝ほめられること

「称《しょう》」＝たたえられること　「楽《らく》」＝楽しいこと

悪い風は、

「衰《すい》」＝衰えること　「毀《き》」＝そしられること

「譏《き》」＝中傷されること　「苦《く》」＝苦しいこと

いい風が吹くと、自分はなんでも成し遂げられると有頂天になります。

逆に悪い風が吹くと、不安やいかりがつのり、浮き足立ってしまいます。

だから、「どんな風が吹いても上手に受けながして平常心で生きなさい」と教えています。

この教えは「動じるな」と言っているのではありません。人間ですから、八風に吹かれれば多かれ少なかれ心が揺れるのは当然です。動じないなんて理想でしかありません。

しかし、坐禅など日々の修行によって心がおだやかになるよう努めていれば、心の揺れ幅が少なくなり、揺れた心を容易に元にもどせるようになります。

*

禅修行をされていないみなさんが八風に吹かれたなら、まずは今目の前の状況から少し距離を置いてみることです。そこから冷静に自分自身を見つめれば、風向きにいちいち振りまわされることは少なくなります。

それが、〝自分に打ち勝つ生き方〟に近づく第一歩だといえるでしょう。

23

「沈黙」や「間《ま》」こそが、言葉を超えるコミュニケーション術。

不立文字《ふりゅうもんじ》 教外別伝《きょうげべつでん》

テレビのグルメ番組で、レポーターが料理を口に運ぶと同時に「美味しい！」と叫ぶシーンを見るにつけ、「本当かなぁ？」と首をひねりたくなるのは、私だけではないでしょう。

味わう間の「沈黙」があってからコメントを発するのが本来だと思います。座談会や対談番組の会話においても、立て板に水のごとく言葉をぶつけあうシーンが多くなったと感じます。もう少し「間《ま》」があれば、相手の感情がわかるし、もっと真意が伝わるのにと思います。

人は、うまく伝えよう、わかってもらおうと思うほどに、言葉を連ねてしまう習性があります。セールストーク、謝罪の弁解などが、そのいい例でしょう。

謝罪では、「ああだ、こうだ」と事情説明をするよりも、「申しわけありませんでした」のひと言のあとに黙って深々と頭を下げるほうが、相手に謝意が伝わります。

禅では、「沈黙」「間」こそが言葉を超えるコミュニケーション術だ、と教えます。

言葉や文字では伝わらないことがある

「不立文字教外別伝《ふりゅうもんじきょうげべつでん》」という禅語があります。

「お釈迦《しゃか》さまの教えは言葉や文字であらわすことができない。師から弟子へ、心に伝えるものである」という意味です。

真理は心から心に伝わっていくことから「以心伝心《いしんでんしん》」という言葉もあります。

もちろん、言葉を軽んじているわけではありません。禅宗では文字や言葉をとても大切にしています。それでも、文字では伝わらないものがあります。それが、「沈黙」「間」ということです。

たとえば、美味しい料理を食べたとしましょう。シェフにその感動を伝えたくても、どれほど言葉を尽くしても、実際に私が食べたときの感動のすべてを伝えきることはできません。

＊

日本では室町時代、禅の教えをとりいれた禅芸術が隆盛しました。能楽、茶の湯、水墨画、そして庭園などさまざまです。

たとえば能楽のような動きのあるものは、所作だけで禅の教えのすべてを伝えられないことから、所作と所作の間の「沈黙」で真意を伝えようとします。水墨画や庭園のような形のあるものは、「余白」に禅の心をこめます。

禅芸術でなくても「間」は大切です。たとえば文章では「行間」に、直接表現されていない筆者の思いがこめられているといわれます。

「沈黙」「間」は、とてもすぐれた表現力であり、大切なコミュニケーション術なのです。

24

まねて覚える、その学びが本物へ導く。

薫習

くんじゅう

師弟関係において、「沈黙」というコミュニケーションはとても大切です。日本の伝統技術では、師匠は弟子に技術をほとんど教えません。

「技術は盗んで覚えろ」

といわれます。そのとおり、本当に身につけたければ、師匠の傍らにずっといて、技術を盗むように覚えるのがいいと思います。

私の庭園デザイナーの師匠である斉藤勝雄《さいとうかつお》先生は、多くの日本庭園の作庭を手がけるとともに、造園に関する著作を数多く残されました。

私が弟子入りしたのは、斉藤先生が78歳のときです。ご高齢とはいえ、現役で現場を飛びまわっていました。また、関連書のご執筆にも精力的で、私は著作の資料づくりのお手伝いもしました。

斉藤先生も技術的なことはほとんど口に出して教えてくれませんでした。師匠と二人きりのときは沈黙の時間がほとんどでした。身につけたければ傍らにいて覚えなさい、まねて覚えなさい、ということだったと思います。

「学ぶ」という言葉は、「まねぶ」が由来だといわれます。つまり、まねることが学ぶにつながります。

一流の傍らに身を置いてみる

「薫習《くんじゅう》」という禅語があります。

日本には「衣替え」という風習があります。季節の変わり目に夏服と冬服の収納場所を変更しますが、そのときに昔は防虫剤の役割としてお香を入れました。季節がめぐり、とりだした衣服にはそのいい香りが移っています。

そこから転じて、師匠やあこがれの人の傍らに身を置いてまねをしていると、その技術や習慣が身に染みこむことを「薫習」といいます。

私は師匠の傍らにいて、いろいろなことが染みこみました。図面の書き直しのお手伝いをつづけることで師匠の作庭の真意がわかるようになってきました。技術ばかりではありません。人との接し方もそのひとつです。依頼者とどのように接し、どのように段階を踏んで説明すれば理解を得られるのか――、間近にいてよくわかりました。

＊

何かを習得したい、身につけたいという場合には、一流の人を師匠にしてください。事を成した人であるのはもちろん、言葉づかいや考え方、ものの見方、生きざまのすべてが、人間として一流の人につくのが理想です。いくら技術がすぐれていても、人間として品性に欠ける人はいただけません。

「薫習」とは、自分でも意識しないうちに身心に染みこむものでもあります。長年連れ添った夫婦の立ち居ふるまいは似てくるものですし、仲のいい友だち同士では言葉づかいや服装も似てきます。

逆に言うと、「良くない人と過ごしていれば、知らず知らずのうちに自分も良くない環境に染まっていく」ということでもあります。その点では注意が必要です。

25

言葉には力がある、だから言葉を大事にしよう。

愛語

あいご

言葉には力があります。

たとえば、相手のやる気を引き出すなら、ネガティブな言葉よりも断然、ポジティブな言葉をかけるほうが効果があることは誰もが経験しています。

言葉は、人を勇気づけたり救うことができます。また逆に、人を傷つけたり不安にさせることもあります。

言葉は諸刃《もろは》の剣《つるぎ》――。

とても役に立つことがあるいっぽうで、自分にも相手にも大きな傷みを与える危険性があるのです。

ですから、言葉は吟味して使うことが大切です。

「おはようございます。今日のスーツ、痩《や》せて見えますすね」

と、思いついた言葉をすぐに口にすると、相手を傷つけかねません。

ひと呼吸おいて、相手のことを思えば、

「おはようございます。あら、素敵なスーツ。紺色がお似合いですね」

など、思いやりのある言葉が出てくるものです。

言葉は吟味して使うこと

禅では、「愛語を使いなさい」と教えます。
「愛語」とは、相手を思い、慈しみを持って発する言葉のことです。
日本曹洞宗《そうとうしゅう》の開祖・道元禅師《どうげんぜんじ》は、主著『正法眼蔵《しょうぼうげんぞう》』のなかで、「愛語《あいご》は愛心《あいしん》より起こる。愛心は慈心《じしん》を種子《しゅうじ》とせり。愛語よく廻天《かいてん》の力あることを学《がく》すべきなり」と語っています。

相手を愛し、慈しみの心を持って語る「愛語」には、天地をひっくり返すほどの力がある、という意味です。

また、やわらかな笑顔とセットになった「和顔愛語《わげんあいご》」という言葉もあります。「おだやかにほほえみながら、慈しみの心で語りかけなさい」という意味です。

笑顔は人の心を明るくし、慈しみの言葉は人と人の障壁を取り除き、人間関係を良好にしてくれます。

郵便はがき

恐れ入りますが
切手を貼って
お出しください

112-0005

東京都文京区水道 2-11-5

明日香出版社

プレゼント係行

感想を送っていただいた方の中から
毎月抽選で 10 名様に図書カード(1000 円分)をプレゼント!

ふりがな お名前	
ご住所	郵便番号（　　　　　　　）　電話（　　　　　　　） 都道 府県
メールアドレス	

＊ ご記入いただいた個人情報は厳重に管理し、弊社からのご案内や商品の発送以外の目的で使うことはありません。
＊ 弊社 WEB サイトからもご意見、ご感想の書き込みが可能です。

明日香出版社ホームページ　https://www.asuka-g.co.jp

ご愛読ありがとうございます。
今後の参考にさせていただきますので、ぜひご意見をお聞かせください。

本書の
タイトル

年齢：　　　歳	性別：男・女	ご職業：	月頃購入

● 何でこの本のことを知りましたか？
① 書店　② コンビニ　③ WEB　④ 新聞広告　⑤ その他
(具体的には →　　　)

● どこでこの本を購入しましたか？
① 書店　② ネット　③ コンビニ　④ その他
(具体的なお店 →　　　)

● 感想をお聞かせください

① 価格	高い・ふつう・安い
② 著者	悪い・ふつう・良い
③ レイアウト	悪い・ふつう・良い
④ タイトル	悪い・ふつう・良い
⑤ カバー	悪い・ふつう・良い
⑥ 総評	悪い・ふつう・良い

● 購入の決め手は何ですか？

● 実際に読んでみていかがでしたか？（良いところ、不満な点）

● その他（解決したい悩み、出版してほしいテーマ、ご意見など）

● ご意見、ご感想を弊社ホームページなどで紹介しても良いですか？
① 名前を出してほしい　② イニシャルなら良い　③ 出さないでほしい

ご協力ありがとうございました。

＊

昭和時代の大平正芳《おおひらまさよし》首相は、答弁などで言葉を発するときにかならず「あー」「うー」と前置きすることから〝あーうー宰相〟との異名があり、お笑いのネタにもなっていました。

ところが、その話す内容はとても論理的で示唆《しさ》に富んでいました。

じつは大平首相は、自分の発言が日本中、いや、世界中の人々にどのような影響があるかを考えたうえで発していたから、「あー」「うー」の前置きがあったそうです。まさに、愛語を発するために言葉を吟味していたのです。

そのため大平さんは歴代首相のなかでも失言が少なかったそうです。

何か話そうとするとき、ちょっと一息のんで考えることを、禅では「腹に落としてから考える」といいます。

「待てよ、待てよ、待てよ」「愛語、愛語、愛語」――。こんな呪文を3回ほどとなえると、心が落ち着き、慈しみの言葉が出てくるでしょう。

26

仕事もなんでも、「自分ごと」にしてしまえば面白い。

随処作主 立処皆真

ずいしょにしゅとなればりっしょみなしんなり

仕事は楽しいですか？

「はい。とても楽しいです！」

笑顔で答えられる人はそう多くないでしょう。

しかし、やり甲斐が感じられない仕事、やっかいな仕事、つらい仕事と決めつけて、「つまらないなぁ」「面倒だなぁ」「きついなぁ」と不満タラタラで仕事をこなしていては、いい仕事をすることはできません。どんどん気持ちが後ろ向きになってしまいます。

仕事は楽しんでやる――。いい仕事をする鉄則です。そのために、仕事に対する姿勢をほんの少し変えてみてはいかがでしょうか。

ポイントは、「自分と仕事」から「自分の仕事」に転じることです。「と」を「の」に変えるだけです。

「自分と仕事」では、自分と仕事が対立関係にあります。いっぽう、「自分の仕事」は、自分と仕事が一体となります。

自分の仕事であれば、つまらない、面倒だなんて言っていられません。仕事に本気で取り組めば、面白みを見出せるはずです。

人間関係も同様です。「自分と上司」「自分と友だち」「自分と恋人」から「自分の上司」「自分の友だち」「自分の恋人」と一体の関係に転じれば、相手に反感を抱くことや、すれ違いが少なくなるでしょう。

「自分の仕事」へ自分流に染める

「随処作主《ずいしょにしゅとなれば》　立処皆真《りっしょみなしんなり》」という禅語があります。

前述した中国臨済宗の祖・臨済《りんざい》禅師《ぜんじ》の言葉です。

「どのような境遇や立場でも自分が主人公になって取り組めば、その場所に真理があらわれる」という意味です。もう少し現代的に解釈すれば、「与えられた仕事を自分の仕事として取り組んでいけば、やがてその場所において必要不可欠な存在になる」ということです。

自分の仕事として取り組むとは、その仕事を〝自分流に染める〟ことです。

たとえば、会議用資料のコピー取り。横書きの資料ならホチキスは左上を止めるのがビジネスマナーです。しかし、自分の上司は左利きだとわかっているので、その上司の資料だけあえて右止めにする。

それが、マナー違反かどうかは別として、

〈おっ、私が左利きだとわかって工夫してくれたんだな〉

上司は、周囲の人の資料の止め方を見て気づき、部下に対する見方が変わるでしょう。

それが自分の仕事をすることであり、仕事を〝自分流に染める〟ことです。

たとえつまらないと感じる仕事でも、一所懸命にやっている人には良縁がめぐってきます。

＊

禅では、対象と一体となることを重んじます。一体となったら、自分と相手は同じですから、対立やすれ違いが起こりません。そうすると、成功も失敗も分かちあえるようになります。

コラム 3

自分の人生は、自分のもの

本来空寂

ほんらいくうじゃく

人は誰しもひとりで生まれ、
ひとりで死んでいく。
孤独だから考えが深まり、
他人に優しくなれる。

自分の人生を誰かに代わってもらうことも、他人の人生を自分が代わって生きることもできません。

たとえば愛する家族が病気になったとき、自分ができるのは、ただ寄り添い、快復を祈るだけです。

「自《じ》灯明《とうみょう》」という禅語もあります。自身を支えることができるのは自分だけ。自身を頼りとして生きていきなさい、という意味です。

他人の灯を頼りにしていては、その灯が消えたとき、自分は暗闇をさまようことになりかねません。

第 4 章

かけがえのない
良縁を得る

27

すべてのものごとは、出会いからはじまる。

我逢人

がほうじん

「これも何かのご縁ですね」

「ご縁があれば、またお目にかかりたいですね」

私たちはふだん、人との出会いや結びつきの意味で〝縁〟という言葉をよく使っています。

「縁」は、そもそも仏教から出た言葉です。

仏教の根本思想のひとつに「諸法無我《しょほうむが》」という教えがあります。

「この世に存在するすべてのものごとは因縁《いんねん》によってつながりあっていて、独立して存在しているものは何ひとつない」という意味です。

「因縁」とは、ものごとが起きる直接的な原因（因）と間接的な条件（縁）のこと。すべてのものごとは、この2つのはたらきによって起こるとされています。簡単に言えば、「すべての結果には、かならず原因がある」ということです。

たとえば、大学進学で上京した人が、街角で高校時代の同級生と出くわしたとしましょう。それは偶然でしょうか？

仏教では、たまたま偶然にではなく、因縁がはたらいていたからだと考えます。仏さまが導いた〝出会い〟ということです。

良縁は〝いい因〟をつくることから

「我逢人《がほうじん》」という禅語があります。

「我、人と逢うなり」、つまり、「すべてのものごとは出逢い（出会い）からはじまる」という意味で、出会いの尊さと喜びをあらわしています。仏さまが導いてくれた出会いに感謝し、それをいい機会にしよう、ということです。

世界の人口は80億人を超えたといわれています。そのなかで私たちが一生に出会う人は何人ぐらいでしょうか。たった一度話しただけの人まで入れても多くて数十万人でしょうか。世界の人口の割合ではごくごくわずかです。

仏さまの導きとはいえ、人との出会いは「奇跡」と言っていいでしょう。それほどまでに貴重な出会いですが、良縁を手に入れるにはどうしたらいいか——。

もうおわかりですね。それは〝いい因〟をつくることです。

いい心を持ち、いい立ち居ふるまい、いい行動を心がけている人に、良縁はやってくるのです。

＊

人との出会いに偶然はないのですから、出会いをおろそかにしてはいけません。

ビジネスでの出会いでも、「この人とつきあっていると仕事につながりそうだ」「儲かりそうだな」と、あまりガツガツしていると良縁が逃げていくと思います。

「この人に喜んでもらうにはどうしたらいいだろうか」「この仕事をとおして世の中のために貢献できればいいなぁ」という気持ちで人と接してる人は、清々《すがすが》しく感じられ、良縁が舞いこんでくるものです。

28

自分の得ばかり
考えていると、
心は休まらない。

利他《りた》

以前のビジネス界には、「勝ち組・負け組」という言葉が盛んに登場していました。たとえば、「不動産投資で勝ち組企業の仲間入りをはたした」「デジタル化の波に遅れたら負け組企業になってしまう」などと使われていました。そこから、人生において成功をおさめた人を「勝ち組」、成功できない人を「負け組」と呼ぶようになりました。

ところが近年、「勝ち負けを競うよりも、双方にとって利益が出るウィンウィンの関係を目指すのがいい」といわれるようになりました。ビジネス界では世界的に「お互いにメリットのあるやり方を考えましょう」と語られ、実際に企業間でコラボレーションがおこなわれるようになっています。

いっぽう、国同士の関係を見回してみると、いまだ勝ち負けを争い、〝自国ファースト〟を叫んでいます。「アメリカが強くなければいけない。中国は……、ロシアは……、インドは……」「日本はリーマンショック以降、負け組から這い上がれない」などと勝ち負けにこだわっています。そして、それが国際摩擦を生んでいるのが現実です。

「ウィンウィン」は、まさに仏教の発想です。

「諸法無我《しょほうむが》」――この世に存在するすべてのものごとは因縁によってつながりあっていて、独立して存在しているものは何ひとつない、という仏教の根本思想について前述しました。私たちはすべてのものごととの関係性のなかで生かされています。「ウィンウィン」であるのは自然なことなのです。

「利他」のほうが生きやすい

「利他《りた》」という禅語は、「自分の得を考えるよりも先に、相手の得を考えて生きなさい。それが結局は自分自身のためにもなる」という教えです。「ウィンウィン」ですね。

「利他」の対義語は、「利己《りこ》」――相手の得よりも自分の得を考えて生きることです。「勝ち組・負け組」の考え方です。

「利己」で生きるほうが、手っ取り早く、得（利益）を得られるかもしれません。しかし、一時は良くても、それは長つづきしません。常時、勝ち組と負け組が生じるからです。

*

じつは「利他」のほうが生きやすいとご存じでしょうか——。

「利己」の生き方は、自分の得を最優先するので邪心が生まれます。また執着にもとらわれます。ちょっとでも相手が得をするようだとうらやみます。そして、いつも自分の得を求めて汲々《きゅうきゅう》としています。

「利他」の生き方は、相手の得を最優先するので、まっすぐな心でどんなことにも取り組めます。自分のことではないから軽やかに行動できます。相手の喜びが自分の喜びになり、清々《すがすが》しく生きられます。

「利他」と同様に、「喜捨《きしゃ》」という言葉もあります。困っている人に自ら喜んで施すおこないです。喜捨は、めぐりめぐって自分に還《かえ》ってくると仏教では教えます。

29

持っているものを、互いに持ち寄るから成果は生まれる。

清風払明月　明月払清風

せいふうめいげつをはらい　めいげつせいふうをはらう

1990年代後半、日本企業に「成果主義」の導入が相次ぎました。バブル経済の崩壊以後、奈落に突き落とされた日本企業は、欧米企業を見習い、「終身雇用・年功序列」という雇用習慣を見直し、個人間競争による成果主義を導入することで業績回復を目指しました。

ところが、業績に応じて報酬や評価を決める成果主義は、長期雇用を前提とした日本企業には合いませんでした。また、日本企業はチームワークが重視されることが多いため、社員同士に競争が生じる成果主義がかえって生産性を低下させることもあったようです。

その結果、行き過ぎた成果主義が職場環境を悪化させ、社員のメンタルヘルスにも問題を生じるようになりました。

その昔、日本企業が世界の産業界に大きな足跡を残せたのはチームワークに尽きると思います。さまざまな情報を社員間で共有し、役割分担をしてひとつのものをつくりあげることに長《た》けていたのです。

野球やラグビー、サッカーの日本代表を例にあげるまでもなく、チームプレーが得意なのは日本の特色です。

私は、社会のありようがいかに変化しても、この特色を生かしていくことが、日本の再生につながると思います。

人に生かされ、人を生かすということ

「清風払明月《せいふうめいげつをはらい》　明月払清風《めいげつせいふうをはらう》」という禅語があります。

「輝く月はそれだけで美しく、清らかな風はそれだけで気持ちいい。どちらが主で、どちらが客ということもなく、お互いに無心で、支えあい、生かしあっている」という意味です。

清風と名月は邪念を持たず、ただそこにある姿はとても美しいものです。人間関係でいえば、「人に生かされ、人を生かし、お互いに損得勘定なく輝きあっている」ということです。まさに、チームワークです。

人間は十人十色です。性格も違うし、その得意とする分野も違います。チームでプレゼンするときには、資料収集、進行の組み立て、スピーチなど、それぞれが得意分野を担当することで最高のプレゼンとなります。

お互いの長所を認識し、それぞれの能力がいちばん発揮できるようにするのが〝日本流〟です。

そこには、功績を持っていかれるかもしれないから知り得た情報を自分だけのものにしておく、といった成果主義の発想はありません。情報も能力も共有しあうからこそ、ひとりではできない成果を得られるのです。

*

成果主義が台頭するなかで、転職市場は伸長しています。「いかに自分の得意分野を生かすか」という点においては、まさに転職して天職を見つけるのが効率的なのかもしれません。

そこに、「清風払明月 明月払清風」のように、お互いに損得勘定なく輝きあう、という清々《すがすが》しい気持ちがあればいいと思います。

30

人から慕われ、心おだやかに暮らすには。

処世譲一歩為高

よにしょするはいっぽゆずるをたかしとなす

日本人は、「お先にどうぞ」と〝譲る精神〟が身についているといわれます。玄関やエレベーターの出入り口で、「お先にどうぞ」と相手に先を譲ったり、譲られたり、とても気持ちのいいものです。

ところが昨今、「我先に」と、人を押しのけて先を争うさまが目につくようになったと感じます。

危険きわまりない自動車運転時の割りこみや無理な追い越しなどはもってのほかですが、電車のドアが開いた瞬間に整列乗車の列が大きく乱れたり、飛行機の到着時にはドアが開いていないのに大勢の人が席から立って通路に並びます。あるいは、デパートのバーゲン商品やビュッフェスタイルの人気料理に我先にと群がる人たちを見ると、「お先にどうぞ」の精神はどこへやらと思えます。

仕事においての「我先に」は、今にはじまったことではないかもしれません。「同僚より早く出世したい」「早く認められたい」という人はたくさんいます。それが、現状に満足しない自己の向上心につながればいいのですが、人を蹴落としてまで上を目指すということであればいただけません。

「自分が、自分が」と、前に出ようとする人は心にゆとりがないように感じます。

「お先にどうぞ」は、人間関係の潤滑剤

「処世譲一歩為高《よにしょするはいっぽゆずるをたかしとなす》　退歩即進歩的張本《ほをしりぞくはすなわちほをすすむるのちょうほんなり》」

処世訓が数多くおさめられた中国古典の『菜根譚《さいこんたん》』にある言葉です。

「世の中を生きてゆくには一歩を譲ることが大切だ。一歩退くことは一歩進むための大本《おおもと》である」という意味です。

人を蹴落としてまで上を目指そうとする独りよがりは、周囲から協力を得られなくなります。

仮にそういう人が上に立ち、「頑張ってくれよ」と部下たちを鼓舞しても、蹴落とされた人たちが協力してくれることはないでしょう。我《が》利《り》我《が》利《り》亡者《もうじゃ》は誰からも大切にしてもらえなくなるのです。

それよりも、一歩退いて自分を磨き、真摯に仕事に向きあっている人は、自ら上に行こうとしなくても、自然に周囲から押し上げられることになります。

他人を蹴落として上に立った人とは違い、みんなが喜んで協力的に動いてくれます。

「お先にどうぞ」と、他人の利益を優先すれば、次は自分にも利益がめぐってくるぐらいに思ってちょうどいいと思います。

*

仕事を離れた人間関係でも同様です。

一歩退く、「お先にどうぞ」の精神が身についている人は、まわりを明るくし、人から慕《した》われ、幸せに暮らせます。だから、心にゆとりができます。

「お先にどうぞ」の精神は人間関係の潤滑剤というわけです。

良縁に恵まれる人には誰しも、その精神が身についています。

31

もっと気がねない
人間関係に
したいなら。

露堂々

ろどうどう

ビジネスでもプライベートでも、人間関係に振りまわされてうまく生きられない、と感じている人が多いようです。

価値観や習慣、関心など、まったく同じ人は誰一人としていないのですから、すべてを理解しあえることはありません。相手を尊重し、相手に期待しすぎずにつきあっていくしかありません。

「悟無好悪《さとればこうおなし》」という禅語があります。

「相手のあるがままを認めれば、好きとか嫌いとかいう気持ちはなくなる」という意味です。

初対面の人に会うときには緊張するものです。事前に少しでもその人のことを知っておこうと、共通の知人にその人の人柄を聞くこともあるでしょう。

そこで、「彼は悪い人ではないけれど、ちょっと癖があるよ」と言われれば、身がまえて、かえって緊張度が増してしまいます。

ところが実際に会ってみると、そんなことは感じられなかった、ということも多々あるものです。

たとえ先入観はあっても、「相手のあるがままを認めよう」という気持ちで接すれば、ナチュラルな人間関係が結べると思います。

「相手のあるがままを認める」とは、相手の長所、いいところを見ていくことでもあります。

相手の長所を、上っ面ではなく、自分が本当に認められる点に対して素直にほめれば、人間関係はさらに深まります。

人は〝ありのまま〟の姿に好感を持つ

「露堂々《ろどうどう》」という禅語があります。

「真理というものは、求める必要も、探す必要もない。そこかしこに堂々とあらわれている。それに気づくことである」という意味です。

人とのつきあい方でいえば、「自分を飾らず、ありのままで人と接すればいい」ということです。

＊

自ら良くありたいと努力するのはいいことですが、「人から良く見られたい」という意識が強すぎると疲れてしまいます。

自分に対する評価が気になるのは、まわりと自分を比較しているからです。人それぞれ生き方も価値観も違うのですから、「私は私」と、デーンとかまえていればいいのです。

「露堂々」の「露」は、1章で紹介したように、あらわれる、透けて見える、という意味です（32ページ参照）。「人から良く見られたい」という意識が強い人は、心に鎧《よろい》をまとっているようで近づきがたい感じがします。

いっぽうで、〝ありのままの自分〟を見せている人は人間性が感じられて好感が持てるものです。何より、自分自身が生きづらさを感じなくなります。

32

本当の気持ちは、面と向かいあうから伝わっていく。

面授

めんじゅ

メールやSNSなどのデジタルコミュニケーションツールは、私たちの生活をたいへん便利にしました。仕事面でいえば、書類のやりとりや日程の調整、打ち合わせ事項の確認など、確実におこなえるので安心です。

私自身、仕事ではメールでのやりとりがコミュニケーションの中心であり、なくてはならないツールです。

しかし、メールでは自分の心からの気持ちを伝えるのはむずかしいと感じています。「感謝」「謝罪」「喜び」「悲しみ」などは、言葉だけで、本当の気持ちをくみとることはできないからです。

たとえばメールで、「たいへん、失礼いたしました」「猛省しております」「慎んでお詫び申し上げます」「弁解のしようもございません」など謝罪の言葉を書き連ねていても、相手の本心はわかりません。「本当に反省しているのかな?」と考えてしまう場合もあるでしょう。

面と向かいあうことで、相手の表情や声の調子、息づかい、立ち居ふるまいなどが一体となって、はじめて本当の気持ちは伝わります。

それでは、コロナ禍以降すっかり定着したオンラインコミュニケーションツールはどうでしょう。私もWeb会議やインタビューなどで利用し、メール同様に必携ツールとなりました。オンラインでは相手の表情や声の調子などがわかり、メールよりもはるかに心からの気持ちは伝わります。しかし、あくまでも「対面の疑似体験」であり、本当の対面にはかないません。

やはり、実際に足を運んで対面することで、感謝なら相手の誠意が伝わり、謝罪なら留飲が下がるのです。

言葉だけでなく心を伝える

「面授《めんじゅ》」という禅語があります。

「大切な教えや真理は、文章や言葉では伝えられず、師と弟子が面と向きあい伝えるものである」という意味です。

相手に何かを説明する場合、デジタルコミュニケーションでは相手が本当に理解しているか、その反応を肌で感じることができません。

お釈迦《しゃか》さまは、人を見て教えを説きました。「待機説法《たいきせっぽう》」——相手の気質や状況、理解度を考えて、それぞれに適した方法で教えを説いた、ということです。お釈迦さまなら、メールで教えを説くようなことはなかったと思います。

＊

じつは、感謝や謝罪はメールより対面でおこなうほうが簡単です。

メールの文章をあれこれ考えて何度も書き直すよりも、すぐさま出かけていって、相手に面と向かいあって心から気持ちを伝えます。

「本当に申しわけありませんでした」

深々と頭を下げられたら、相手も、

「わかったよ。次はこんなこと起こさないように頼むよ」

となるものです。

もし、遠方などですぐに対面できない場合は、直筆の手紙がいいと思います。字が下手であっても、気持ちをこめて書けば、誠意が相手に伝わります。

33

どれだけ対立しても、
わかりあえることは
必ずある。

同事

どうじ

ビジネスシーンではさまざまな議論がなされますが、欧米人と日本人では討論の仕方がまったく違います。

欧米人は、はじめに自分の意見をしっかりと述べ、正しさを主張することに重きを置きます。ものごとの白か黒かをはっきりさせます。

それに対し、日本人は相手の意見を聞くことに重きを置き、そのうえに自分の意見をつけ加える、というやり方です。相手の顔を立てるのが〝日本流〟といえるでしょう。

もっとも、昨今では日本にも欧米流が広まり、自分の正しさを主張するあまり、相手をとことん追いこもうとする人も増えてきたように感じます。

相手の考えや意見が自分とは相容れない、という場面はかならずあります。そんなとき、はじめから対立意識で話を聞き、発言しがちです。

しかし、それでは意見がすれ違うだけでなく、人間関係にわだかまりを残す場合もあります。

耳を傾けるとは、心を傾けること

相手と意見が対立し、自分の考えを主張したくなったときに思いだしてほしいのは、「同事《どうじ》」という禅語です。

同事とは、事を同じくすること。「相手と同じ立場に自分も立つ」という意味です。

相手にとってうれしいことがあったら、「本当によかったね」と、相手と同じ心で喜ぶ。相手が悲しくつらい状況だったら、「つらいね」と寄り添う。こうして、相手の側に心を傾けることが「同事」です。

＊

意見の対立といっても、相手と意見が１００％違うことはまずありません。

たとえば、８割は考えが根本的に違うが、２割の部分は自分の考えと共通している、ということも少なくないでしょう。

そういう場合に、「あなたが言っていることは間違っている」と、自分の意見を押しつけようとすると衝突を避けられなくなります。

頭ごなしに100％否定されると、相手は自分の存在を否定されたように感じてしまうからです。

そんなときには、「同事」を思いだしてください。

相手も自分も、「考え方の2割は共通し、8割が違う」ということで同じ立場にいるのです。

「あなたの意見のこの部分については私も理解し、共感しています。しかし、こちらの部分については私の考え方と違うところですね」

と、相手の意見にしっかり耳を傾けてから自分の考えを説明すると、相手も感情的になりません。こうして、お互いに意見の違う部分を歩み寄っていけば、落としどころを見つけやすくなります。

また、相手の意見に耳を傾けることは、自分がこれまで持っていなかった知識や知恵、情報など、新たな気づきを得るチャンスでもあります。

34

ひたむきな姿勢が、良いご縁を連れてくる。

歩歩是道場

ほほこれどうじょう

〝縁〟について、もう少し深掘りしましょう。

私は庭園デザイナーの仕事をはじめて数十年、これまで一度も営業をしたことがありません。仕事をくださいとお客さん回りをしたことがないのです。自慢しているわけではありませんし、うぬぼれてもいません。

私がデザインした庭をご覧になったみなさんが、「枡野に作庭してもらいたい」と問い合わせをしてくださいます。

良縁が、新たな良縁を呼んでくださるのです。

私が仕事で心がけていることは、下心を持たないことです。それは、依頼者をおろそかにしないことでもあります。

私にとって庭園デザインは、「心の表現」の場です。ひとつは、禅僧として修行を重ねてきた私自身の心の表現。もうひとつは、客人をもてなす亭主として、つまり依頼者の心の表現です。その両方が合致したとき、はじめて納得できる庭園となります。

ですから、依頼者の希望が道理にかなっていないと思うときには、理解し納得いただくまで、ていねいに説明します。「依頼者が望んでいるから、それでいいや、お金になるからやってしまおう」などということは決してありません。もし依頼者に納得いただけなければ、それはご縁がなかったものとしてお断りします。お金儲けとして一度でも受けてしまえば、納得できる仕事にならないばかりか、「枡野はお金さえ払えばなんでもやってくれる」という悪評が広まるでしょう。

下心を持たないで仕事をすることは、私にとって良くない縁を避けるひとつの方法なのです。

良縁は平等にやってくる

良縁は、人を選んでやってくるのではありません。万人に平等にやってきます。それが禅の考え方です。

「歩《ほ》歩《ほ》是《これ》道場《どうじょう》」という禅語があります。

私がもっとも好きで、よく使っている言葉です。

「いつでも、どこにいても、そこが道場であり、何をしていても修行である。

その心がまえで一瞬一瞬を一所懸命に努めなさい」という意味です。

「行住坐臥《ぎょうじゅうざが》」という言葉もあります。「歩く［行］、立ち止まる［住］、座る［坐］、横になって寝る［臥］。日常の立ち居ふるまいのすべてが修行であるから、その都度、ていねいに確実にやっていきなさい」という意味です。

＊

私は、常日頃から、ものごとに対してひたむきに取り組んでいる人のところに良縁がめぐってくると思っています。

ひたむきに取り組むのは、重要な仕事であったり、儲かる仕事だけではありません。今、そこにある仕事こそが〝縁〟であり、一所懸命にやるべき仕事です。

やってきた仕事に、下心を持たずにしっかり取り組んでいく。それを、誰かがかならず見ています。そこから、良縁が良縁をもたらす〝良縁スパイラル〟がはじまっていくのです。

35

いい結果が出ないときに、仏さまが考えていること。

安心立命

あんじんりつめい

時間をかけて準備してきた大切なプレゼンの前夜。ストーリーの組み立て、資料集め、パワーポイントの準備も完璧。何度もリハーサルをくり返して、進行も質疑応答対策もバッチリ。自分ができる準備はすべてやった——。ところが、体調を整えるために早めに休もうとベッドに入ったのに目が冴《さ》えて眠れない。

このように、本番直前になると不安に襲われることはありませんか？あるいは、「天職だと自信を持って就職先を決めたが、間違っていなかっただろうか」「よくよく考えてマンションを買ったが、はたしてよかったのか」などと、信念を持って決断したことなのに、本当にこれでよかったのかと、不安が脳裏をかすめることはありませんか？

大切なものごとを決めるときは、いろいろな人の意見に耳を傾けることはもちろんです。しかし最後に、判断してやりきるのは自分自身になります。自分で判断をくだすためには、自分のなかにいるもうひとりの自分に問いただすしかありません。もうひとりの自分とは、一点の曇りもない、持って生まれた、まっさらな心です。それを「本来の自己」といいます。

それは「仏」「仏性《ぶっしょう》」「真理」ともいえるでしょう。

自分が信念を持って決断したことを、まっさらな心に映しだし、「仏さまに見ていただいても大丈夫」と思えたならＯＫ。あとは、安心して仏さまにおまかせすればいいのです。

心のなかの自分を信じる

「安心立命《あんじんりつめい》」という禅語があります。

どんなことにも動かされない安らかな心で生きることです。

「安心」は、仏教では「あんじん」と読み、「仏さまの安らぎの境地」をいいます。「立命」とは、天命に身をまかせることです。

つまり、「いつ、いかなるときも、仏さまが見守ってくださっている。なんの迷いもなく、仏さまに守られた世界を歩んでいく」ということです。

もちろん、なんの準備も努力もせずに仏さまに身をゆだねても、いい結果は得られません。なすべき努力をして、仏さまのご加護を待つのです。

＊

強い信念を持って決断した。やるだけのことをやった。しかし、いい結果が得られなかった、ということもあるでしょう。

「なんだよ。仏さまは見守っていてくれなかったじゃないか。ご加護なんてなかったじゃないか」

気持ちが腐るかもしれません。

しかし、そこで投げ出しては努力が台無しです。仏さまは、

「ここでもうひと踏ん張りしなさい。修行をつづけなさい」

とおっしゃっているのです。

仏さまが修行のチャンスをくださったと思えば、前向きになり、気持ちを切り替えることもできます。

コラム 4

いい関係は、素直な心が育む

感応道交

かんのうどうこう

人々が仏を求める心、
それに応ずる仏の心が通じあい、
ひとつに交わること。

「良縁に恵まれない」「親友ができない」と悩む人がいます。

それは、他人のせいではありません。自分の心に「損得」や「自分の都合」が入りこんでいるからです。相手に簡単に見透かされます。

「この人と良縁を結びたい」と心の底から願ったとき、そこに損得や自分の都合が入りこむ余地はありません。

お互いに素直に心をひらくことができれば、それが良縁につながります。

第 5 章

ざわつく感情は、こうして整える

36

まわりの意見に流されそうになったら。

主人公

しゅじんこう

「以和為貴《わをもってとうとしとなす》」――和をもって貴しとなす。

ご存じのとおり、聖徳太子が制定した『十七条憲法』第一条です。

「和《やわらぎ》を大切にして、なにごとをやるにも、いさかいを起こさないことを心がける。それが尊いことである」という意味です。

日本人には、この「和の文化」が根づいています。ただ、このすばらしい日本人の秩序や調和が、裏目に出ることもあるように感じます。

たとえば、調和を気にするあまり、人の意見に流されて自分の考えを素直に言えない、という悩みをかかえている人も多くいます。

日本人は同調圧力が強いともいわれます。同調圧力とは、「集団のなかで、少数意見を持つ人に対して、まわりの多数意見に合わせて行動するように暗黙のうちに強制すること」をいいます。コロナ禍では、マスク着用や営業自粛などをめぐり、日本社会において同調圧力が強まったともいわれています。

私は、人の意見に流されたり、自分の考えを素直に言えない人は、自分を見失っているのだと思います。ちょっときつく言えば、自分らしく生きていない人です。

自分の意見や考えがない人なんていません。考えが今ひとつはっきりしていない、自分の意見を認識できていない、ということでしょう。そうでなければ、まさに同調圧力に屈しているのです。

〝自分ごと〟として考える

人の意見に流されたり、自分の意見がいえない人には、「主人公《しゅじんこう》」という禅語をプレゼントします。

お芝居の主役をつとめる人を「主人公」といいますが、もともとは禅語です。「自分の人生の主人公になりなさい」などと、自分の人生を生きる意味でも使われますが、禅でいう「主人公」は少し意味が違います。

禅では、〝主人公＝本当の自分〟のことです。前章で申し上げた「自分のなかにある一点の曇りもない、持って生まれた、まっさらな心」をいいます（155ページ参照）。「本来の自己」「仏性《ぶっしょう》」ともいえるでしょう。

まわりの意見に惑わされることなく、今、何をしなければいけないか、どう判断するべきか、自分のなかのもうひとりの自分に問いかける――。その問いかける相手が「主人公」です。

主人公に出会うことが、自分が主体となって生きることにつながります。

*

主人公に出会うにはコツがあります。

それは、なにごとも〝自分ごと〟として考えることです。

たとえば、メディアから流れるニュースを「自分だったらどうするか」「自分だったらこう考える」という視点で見るようにします。環境大臣になったつもりで地球温暖化を考えてみる。経済産業大臣になったつもりで少子高齢社会を考える――。ふだんからそうすることで、自分の考えや意見が明確なものになります。

それが、自分らしく、主人公として生きる、ということです。

37

「自分の物差し」で生きてみる。

白雲自在

はくうんじざい

あなたは〝自分の物差し〟を持っていますか。

物差しとは、何かを判断するときの基準です。

なぜ、こちらを選択するのか、その選択は本当に自分の判断基準で決めたことでしょうか。他人の意見や、常識という、不確かなものにゆだねていませんか。

もし、〝他人の物差し〟にゆだねているのであれば、それは「他人の人生」を生きていることになります。

アップルの創業者スティーブ・ジョブズは、「マーケティングリサーチ（市場調査）なんか不要だ」と主張したことで有名です。

顧客に「どんなコンピュータが欲しい？」「どんな携帯電話が欲しい？」と聞いても、マッキントッシュ（Ｍａｃ）やアイフォンの発売前にそんな製品を思い浮かべる人はいない。だから市場調査は不要だと主張したのです。

ジョブズは、自分の欲しいものを信じてつくれば、絶対にみんなが欲しいと思うはずだと確信していたのです。究極の〝自分の物差し〟ですね。

ジョブズのように、すべて自分を信じて判断することはむずかしいかもしれませんが、何かを判断するときにはちょっと立ち止まり、「これは自分の物差しで決めているかな、他人の物差しではないな」と確かめてみるといいでしょう。

雲のように、自由に生きる

禅では、そのときどきの風にまかせて自由自在に流れていく「雲」のありようを、人間の生き方の理想としています。そのことから、さまざまなところで「雲」の字を使います。

修行僧の食事の合図などで打ち鳴らす、雲の形をした「雲版《うんぱん》」。

修行僧は、特定の場所にとどまらず、雲や水がどこへでも流れるように、各地をめぐり歩いて修行することから「雲水《うんすい》」と呼ばれます。

また、「行雲流水《こううんりゅうすい》」「耕雲種月《こううんしゅげつ》」「雲吐峰《くもみねをはく》」「雲静日月正《くもしずかにしてにちげつただし》」など、さまざまな禅語があります。

ここでは、「白雲自在《はくうんじざい》」という禅語を紹介しましょう。

「南から風が吹けば北へ流れていき、東から吹けば西へ流れていく白雲は、風の強さによっていろいろ形を変え、自由に去来する。しかし〝雲〟という本質を失うことはない」という意味です。

どんな風が吹いても動じずに流れていく白雲のように、周囲の評価にとらわれることなく、自分のあるがままに存在すれば、それでいいのです。

＊

ジョブズが禅に傾倒し、坐禅を実践していたのは知られています。

アップルの製品には禅の精神がつまっているともいわれます。

「自分が欲しいものをつくる」「みんなが、いいなって言ってくれるものをつくる」「みんなが、ありがとうって言ってくれるものをつくる」——。

それはまさに、「白雲自在」の心で世の中に送りだされたものなのかもしれません。

38

今の仕事が、自分に向いていないと思ったら。

自由無碍

じゆうむげ

「いつもミスばかり」「ストレスを感じてつらい」「まったくモチベーションが上がらない」――。今の仕事は自分に向いていないのではないかと、感じている人は多いようです。

終身雇用があたりまえだった時代なら、向いていないと思っても、なんとか頑張って働きつづける人のほうが多かったと思います。しかし今の現役世代は、転職にマイナスイメージを持っている人はほとんどいないでしょう。

私も、みなさんが自分にとって納得できる生き方をしたほうがいいと思います。しかし、転職で誰もがうまくいくとは限りません。あるデータによると、転職した人の3分の1は後悔しているそうです。

一時的な感情で転職する人はいないとしても、今の仕事の何が不満なのか、何が妥協できないのかをはっきりと自覚して転職を考える人はそれほど多くないのかもしれません。

転職後に「こんなはずじゃなかった」という人は、自分の思い描く社会人像に執着しているのではないでしょうか。

「ミスが多いのは、この仕事に向いていないから」「ストレスを感じない仕事環境があたりまえ」「スキルを生かせなければ自分の仕事ではない」などと転職ありきでがんじがらめにならず、自分の本質を失わず、もっと自由に生きてみてはどうでしょうか。

川の流れに逆らわない

「こうあらねばならない」という束縛から抜けだせないときは、「自由無碍《じゆうむげ》」という禅語を思いだしてください。この言葉には、がんじがらめになった負の感情を解きほぐす〝禅的発想〟がつまっています。

「どこにもとどまっていない、なにごとにもとらわれない」という意味で、心を転じていくための極意です。

がんじがらめの感情は、川の流れに逆らって泳いでいるようなものです。川の流れに乗っていれば、なにごとにも妨げられずに移動できます。ところが、流れに逆らって上流に向かおうとすると、ものすごい努力をしてもなかなか進めません。

そのように、世の中の流れに逆らわず、周囲に適合して過ごすのです。

不器用でもいいから、自分のなすべきことを一つひとつ確実にやっていけば、自分の本質を見失わずに生きていけると思います。

今の仕事に不満があっても、自分に向いていないと思っても、そんなつらさに心をとどめず、その環境に身をまかせてみれば、自由無碍――。「あぁ、こんな気持ちも悪くない」と、感じられるものです。

＊

もちろん、それでも妥協できず今の仕事を負担に感じるのであれば、転職という選択肢もありでしょう。それも、自由無碍なのです。

自分の考え方や行動にとらわれず、ものごとにしなやかに対応する――。

そんなことが、負の感情を正の感情に転じさせるコツなのかもしれません。

39

無心に、没頭して取り組む呪文。

無心帰大道

むしん だいどうにきす

「よし、やるぞ！」

仕事や試験、イベントなどを前にして意気ごむことは大切です。気持ちを奮い立たせることで元気が出ます。

ところが、意気ごみがおかしな方向にいったり、空回りすることもあるでしょう。うまくやろうとして気負ったり、「これをうまく仕上げれば儲かるぞ」などと欲張ると、結果がともなわないことが多いものです。

それを私は、「下心がうごめく」と言っています。下心がうごめくのは、没頭できていないからです。

たとえば、仕事をしているときに下心がうごめいて、つい週末のデートのことを考えてしまう。「どんな服にしようか」「天気はどうだろう」「ランチは何にしよう」……仕事に没頭できません。ついには、ランチ情報をネット検索しているなんてことになれば最悪です。

そして週末のデートの最中には、明日の打ち合わせのことを考えてしまう。「朝一からだから寝坊できない」「レジュメの見直しはまだだった」など、これも下心です。せっかくの楽しいデートが台無しです。

「三昧《さんまい》、三昧、大三昧《だいざんまい》！」

「無心帰大道《むしんだいどうにきす》」という禅語があります。

「無心」とは、いかなる作意（意志）もなく、身体だけが動いている状態のこと。「大道」は、「悟り」「真理」。あるいは、その道をきわめることです。

無心は「空白状態」とか「何も考えていない状態」ではありません。悟ってやろうとか、うまくやろう、などというはからいを捨てることです。

そうした無心で目の前のことを一つひとつやっていれば、いつしか悟りの境地に達しているものだと教えています。つまり、没頭して取り組むことではじめて、自分の本当の力が出るといえます。

仕事や作業に没頭しているときは作業効率が上がります。また、思わぬ力が出て、いい結果につながります。

人は、必死に何かをやっているときには他のことを考えられないものです。100メートルダッシュをしながら、今日の夕ご飯のことや、テレビドラマのことを考えることはできません。あるいは、災害時に人を助けだすときには〝火事場の馬鹿力〟が出るものです。

没頭しているときは、気負いもなければ、欲張りの心もないのです。

＊

「三昧《さんまい》」という禅語もあります。

一般的に、寝食を忘れて何かに取り組んだり、何かにハマって無我夢中になることを「〇〇三昧《ざんまい》」といいます。禅では、「何かに心を集中することで自身がそれと一体となり、心が安定した状態にあること」をいいます。

私たち禅僧の間では、徹底的に今やっているその修行と一体となって、無心に打ちこめるように、「三昧、三昧、大三昧」と言いあって、自分たちを叱咤《しった》しています。

「三昧、三昧、大三昧！」――。集中が途切れそうになったときの呪文です。

40

「なんでも知っている」なんて、偉ぶらない。

百不知 百不会

ひゃくふち ひゃくふえ

人間関係でもっとも大切なことは、誰に対しても同じように謙虚に接することです。

上司や肩書きを持っている人には、こびへつらい、部下や自分より力のない人には、高圧的な態度をとる人はいただけません。それは、相手の身分や地位という空疎なものとつきあっているようで、人間関係とはいえません。

道元禅師《どうげんぜんじ》は、禅僧の食に対する考え方や食事作法を説いた『典座教訓《てんぞきょうくん》』に「既《すで》に耽著無《たんじゃくな》し」という言葉を残しています。

「滅多《めった》に手に入らない食材だから大切に扱う。いつも使っている、いくらでも手に入る食材だからぞんざいに扱う。そういうことがあってはならない。どちらも同じように、心をこめてていねいに、その命を扱いなさい」という教訓です。

道元禅師は、食材との対峙の仕方をとおして、人間関係でも同じことですよ、と教えてくれています。

誰に対しても同じように接するには、3章で紹介した「和顔愛語《わげんあいご》」が大切です（114ページ参照）。いついかなるときでも相手を思い、おだやかな笑顔で、慈しみを持って接し、話すことです。

「和顔愛語」があれば、人間関係がこじれることはまずありません。

自分自身にも、まわりにも謙虚に

部下や自分より力のない人への接し方が、つい、ぞんざいになってしまう人に心にとどめていてほしい禅語があります。

「百不知《ひゃくふち》 百不会《ひゃくふえ》」——中国宋《そう》時代の無文禅師《むもんぜんじ》の言葉です。

「何も知らない、何も理解していない」という意味ですが、そこには深い教訓があります。

「なんでも知っている、なんでも理解しているなんて偉ぶってはいけない。どれほどの知識や知恵を身につけたとしても、何も理解していないと超然としていなさい。自分自身に謙虚でありなさい」と、この言葉は教えています。

本当に悟った人は、自分の悟りをひけらかすことはありません。知っているとか、知らないとか、そんなこと自体を超越しているのです。

また、「百不知 百不会」には、「知らなくてもいいんだよ」というポジティブな教訓もあります。

なんでも知っていることも、何も知らないことも、じつは大したことではありません。

知らなければ素直に学べばいい、やったことがなければ経験を積めばいい。そうやって自分を成長させてゆくには、自分自身にも、まわりの人たちにも謙虚でありなさい、ということです。

*

知っていることとして話を聞いていれば、そこからは何も生まれません。常に「知らない」という姿勢で話を聞いていれば、「へぇ〜」という新しい気づきがあるものです。

41

不安の種がどんどん大きくなってしまったら。

達磨安心

だるまあんじん

「不安があるのは、生きている証拠ですよ」

不安を口にする人を元気づけるときに、よくそんな声をかけます。

不安がない人は誰ひとりいません。多かれ少なかれ、誰もが不安をかかえながら生きています。

「会社の業績がイマイチ。この仕事をそのままつづけられるだろうか」

「定年後の生活が心配だ」

「近い将来、親の介護問題が起こるだろう」

「蓄えが少ない。もし病気になったらどうしよう」

「大切な人に送ったＬＩＮＥが既読スルー。嫌われてしまったのか、それとも、私からの連絡が迷惑なのか」――。

「不安」の種は尽きません。気にかけるほどに不安は広がります。

それでは、「不安」とは何でしょうか。

辞書によると、「心配に思ったり、恐怖を感じたりすること。安心できないこと。気がかりで落ち着かないこと」とあります。

禅では、不安を「不確実な未来」「想像の産物」ととらえます。ですから、

「どうなるかわからない不確実な未来のことなど放っておいて、今だけを懸命に生きなさい」と教えるのです。

〝不安な心〟に実体はない

「達磨安心《だるまあんじん》」という公案《こうあん》があります。

公案とは、禅問答の問題のことです。修行僧は師僧から公案（問題）を与えられ、それを解いていくことで心の状態を高めていきます。

「達磨安心」の公案は、1章の冒頭で紹介した禅宗の初祖・菩提達磨《ぼだいだるま》と、2代目となる慧可大師《えかだいし》との問答が題材となっています。

慧可大師が達磨大師にたずねます。

「私は仏典を学び、修行もつづけていますが、どうしても不安を断ち切ることができません。どうか、わたしの不安を取り除き、安心を与えてください」

達磨大師は答えます。

「わかった。おまえの〝不安な心〟をここに持ってきなさい。そうしたら、おまえを安心させてやろう」

慧可大師は必死に不安な心を探しましたがいくら探しても見つかりません。

「達磨さま、不安な心を探したのですが、どこにも見つかりません」

達磨大師は慧可大師に、こう話して聞かせます。

「どうだい。おまえの心を安心させてやったぞ」

そもそも、不安などというものには実体がないのです。自分の心が勝手に心配して不安をつくりだしているにすぎないのです。そのことに気づいたら、それが〝安心〟なのです。

*

不安は、じっとしているときに頭に浮かび、ふくらみます。とくに夜、闇は不安を増長させます。「暗い」という不安感が、人間の心を不安の方向に導くようです。ですから、夜、布団のなかで、大切なものごとを決断しないほうがいいでしょう。

42

ぼーっとすることに価値がある。

閑坐聴松風

かんざしてしょうふうをきく

「坐禅」に、どんなイメージをお持ちでしょうか。

以前は、坐禅を、悟りを得るためのつらい修行と思っている人が多かったと思います。昨今は、スティーブ・ジョブズや稲盛和夫《いなもりかずお》さんなどカリスマ経営者や、安倍晋三《あべしんぞう》元首相など有名政治家が実践していたことから、坐禅をビジネスや人生の成功をもたらす習慣ととらえている人も多いでしょう。あるいは、健康法としても注目されています。

まず、坐禅はつらいものではありません。もし、脚が痛くて苦痛に耐えられないのであれば、椅子に座っておこなう椅子坐禅でも、ちゃんと〝無〟の状態に入ることができます。

また、坐禅は成功をもたらすためのものではありません。坐禅によって集中力や思考力が高まることは科学的に証明されているので、その結果として成功に近づけるかもしれませんが、それは個々の努力次第でしょう。

私がみなさんに坐禅をおすすめする最大の理由は、身心のコンディションが整うことにつきます。

静寂のなかに身をしずめていると、心がおだやかになります。脳が「動」

から「静」へリセットされる感覚です。リセットされた脳はリフレッシュしてふたたびはたらくことができます。また、姿勢を正し、呼吸を整えることで、身体自体にも生気がよみがえります。

坐禅は「無心」でするものととらえられていますが、それにも少々、誤解があります。心に何もない状態、完全に頭のなかを空っぽにすることは容易ではありません。坐禅をしていても、さまざまな思いが湧きあがってきます。

その思いをとどめず、湧きあがるにまかせ、消えていくにまかせることが、禅でいう「無心」です。そうすることで脳はリラックスした状態になります。

無心のすすめ

「閑坐聴松風《かんざしてしょうふうをきく》」という禅語があります。

「心静かに坐［座］って、風にゆれる松葉の音を聴く」という意味です。

松風は、松に吹く風のこと。松は針のような葉を持つ常緑樹で枯れません。だから風が吹いても葉の音はほとんど聴こえません。その音も聴こえるほどに自分と自然が一体となっている境地のことをいいます。

ふだん忙しくしているときは、鳥のさえずりにさえ気づきません。実際には聴こえているのに、心に余裕がないと感じることができないのです。それが、仕事が一段落つき、「ふうっ」と一息つくと、「あら、鳥が鳴いている」と、ふと気づくことがあります。そのときこそが、〝無〟の状態です。

＊

忙しい生活のなかでも、ときどき雲や夕日を眺めて、ぼーっとしてみてください。脳の疲れがとれて、リフレッシュできます。

2時間集中したら、5分ぼーっとする。それだけでパフォーマンスが回復します。また、ぼーっとしているときは、考えているときよりアイデアが湧きあがるものです。

43

「禅の庭」を前に、自然と一体になる。

共生

ともいき

「禅の庭」を前にすると、凛《りん》と澄みわたった静けさに包まれているように感じます。そんな、庭と自分が一体となっているような気持ちになることはないでしょうか。

「禅の庭」づくりでは、つくり手とその空間に主従関係はありません。つくり手が空間を支配するのではなく、空間の声を聞き、相談しながら「禅の庭」をつくりあげていきます。

「共生《ともいき》」という仏教語があります。現代では「きょうせい」と読み、「さまざまな生きものが相互関係を保ちながら、同じ場所で生きること」をいいます。仏教では「人間も自然と共にある。人間も自然のなかの一員である」と考え、それを「共生」といいます。

すなわち私たち人間は、自然と一体となり、共に生かされていることを感じ、感謝しながら生きている、ということです。

「禅の庭」づくりで、もっとも大切なことは「共生」です。これは欧米の庭づくりの考え方と大きく違います。

たとえば、依頼された庭園の土地が傾斜地だったとしましょう。

欧米の庭づくりなら、まず傾斜地を平らにならしてから自分の思い描く庭をデザインするでしょう。

いっぽう、「禅の庭」づくりでは、その傾斜地と対話し、自然な姿を生かして、どう石や木を配置し、周囲の空間と関係性を築けばいいのか考えます。

この違いを私は、「自我《じが》のデザイン」と「無我《むが》のデザイン」と呼んでいます。「無我のデザイン」が「禅の庭」づくりであり、いかに自然の声を聞いていくかを大切にしています。

石や木と対話してみる

「禅の庭」づくりでは、「地心《じごころ》を聞く、石心《いしごころ》を聞く、木心《きごころ》を聞く」というように、自然の声に耳を傾け、その声を〝禅の教え〟というフィルターをとおしてデザイン化していきます。

具体的には、石と対峙すれば、石の気勢《きせい》を読みます。造園でいう「気勢」とは、石や木などから生まれる勢いのこと。それを見きわめて、石や木を配置します。

たとえば、石の気勢が右を向いていれば、その石は庭の左のほうに置きます。右端に配置すれば、息苦しいように感じるからです。気勢のない石であれば、それらを組み合わせることによって気勢が生まれることもあります。

私はかならず現地に足を運び、石との対話、木との対話をていねいにしていきます。そんな対話が楽しいのです。

*

私が庭園デザイナーを志したきっかけは、小学5年のときに両親に連れられて見学した京都・龍安寺《りょうあんじ》の石庭《せきてい》です。私は、あの美しい空間にカルチャーショックを受け、「禅の庭」にハマってしまったのです。

「禅の庭」を前にすると、日常の雑多なことを忘れます。ぜひ、「禅の庭」の世界観と一体となり、心をリセットしてください。

44

「イヤだな」「会いたくないな」とモヤモヤしたら。

融合如水以成和

ゆうごうすること
みずのごとく
もってわとなす

1989年に「ベルリンの壁」が崩壊し、翌年、東西ドイツが再統一されました。すでに30年以上が経過し、そのできごとをリアルタイムでご存じの人は少なくなりました。

東西ドイツの再統一から約10年後、私はドイツ政府の依頼を受けて、ベルリンで日本庭園をデザインしました。

統一から10年が経過したとはいえ、旧東西ドイツの人たちの間には敵対意識がありました。経済的に豊かな旧西ドイツの人たちは旧東ドイツ地域へは足を踏み入れず、富を求める旧東ドイツの人たちだけが旧西ドイツへ渡っていました。

物理的な壁は崩壊したものの、〝心の壁〟は残っていたのです。

第二次世界大戦後、ベルリンは東西に分断され、東ベルリンは旧東ドイツの首都となり、西ベルリンは東ドイツ内の飛び地でした。統一後、ベルリンを首都としたドイツ政府は、「世界の庭園」と銘打ち、ベルリンに世界各国の庭園をつくりました。旧東西ドイツの人々の交流を図ったのです。

また、EUの国々から観光客がベルリンをおとずれることでドイツ経済の活性化も狙っていました。

私は、「世界の庭園」のなかの日本庭園のデザインを依頼されたのです。

柔軟に、相手の懐に飛びこもう

旧東西ドイツの交流を目的とするドイツ政府の意図をふまえて私は、日本庭園のテーマは〝水〟である、という思いに至りました。

「融合如水以成和《ゆうごうすることみずのごとくもってわとなす》」――私の創作した禅語です。

「水のように柔軟に融合して和をなす」という意味です。

「水は方円《ほうえん》の器《うつわ》に随《したが》う」という言葉もあるように、水は丸い器に入れたら丸く、四角い器に入れたら四角になります。

「旧東ドイツの人も旧西ドイツの人も、水のように同じ器のなかで融合しましょう」という願いをこめて日本庭園をデザインしました。

庭園の名は「融水苑《ゆうすいえん》」。

茶屋「如水亭《にょすいてい》」を中心に3つの庭からなる廻遊式庭園です。如水亭からのぞむ枯山水《かれさんすい》の主庭《しゅてい》は、東西の庭をつなぐ意識で石橋を配置し、「東の人間、西の人間という〝心の壁〟を除いて、今を生きる」というメッセージをこめました。またそこには、ドイツだけではなく世界の未来の姿も重ねあわせています。

如水亭には、自筆の「融合如水以成和」の軸を掲げています。

*

私たちは、気が合わない人、馴染めない人、イライラする人などと一緒に、仕事をしたり、つきあわなければならないことが少なくありません。「イヤだな」「会いたくないな」と気が滅入ることもあるでしょう。

でも、じつは、そんな〝心の壁〟をつくっているのはあなた自身かもしれません。自分から相手の懐に飛びこんでいけば、意外と水のように柔軟に融合し、楽になるものです。

コラム
5

道理がわかれば、禅の心に近づける

水流元入海
月落不離天

みずながれて
もとうみにいり
つきおちて
てんをはなれず

どこを流れる水も、
海にたどりついてひとつになる。
東から昇り西に沈む月も、
天から落ちることはない。

禅では、道理にしたがって生きなさい、と教えます。

道理とは、「ものごとがそうあるべきすじみち。人のおこなうべき正しい道」のこと。

私たちが今生きているのも、そして、いつかかならず旅立ちのときを迎えるのも、道理にしたがうだけ。

大宇宙の道理を改めて感じるなら、季節の移ろいにふれるのがいちばんです。

春の陽だまり、夏の星空、秋の夕暮れ、冬の木枯らし……。

第6章

心地いい習慣を身につける

45

便利だから忘れたこと、不便だからわかること。

其中半日坐
忘却百年愁

そのなかにはんにち ざすれば ひゃくねんの うれいをぼうきゃくす

現代社会は、生活を豊かにしてくれる便利なものやサービスであふれています。インターネットやスマートフォン（携帯電話）は言うまでもありませんが、コロナ禍では、オンラインミーティングのためのツールが急激に普及しました。私も、今では多くのミーティングがオンラインになっています。

生活用品でもロボット掃除機や食洗機など、スイッチを入れれば、掃除や皿洗いを機械がやってくれるようになりました。高齢者や介護が必要な人の必需品になっているものもたくさんあります。

生活が便利に、快適になるのはいいことです。しかしいっぽうで、便利すぎて人間が退化しているのではないかと思うこともあります。

たとえばロボット掃除機。床の塵《ちり》やホコリをどんどん吸いとってくれる便利家電です。しかし、身体を動かさなくなり、運動能力が退化したように感じます。

また、「気づき」が少なくなりました。たとえば、箒《ほうき》で掃除をしているときは、どこらへんに塵やホコリがたまりやすいのかがわかりました。北のほうにたまるなら、「ここには南からの風が吹いているな」という気づきがあったのです。そんなことで自然を感じていました。

　スマートフォンやカーナビゲーションシステムの登場で「記憶力」も低下した気がします。以前は十数人の電話番号は覚えていましたが、今はスマートフォンの番号登録に頼ってほとんど覚えていません。運転はカーナビに頼るようになり、道を覚えなくなりました。

不便は楽しみの宝庫

「其中半日坐《そのなかにはんにちざすれば》　忘却百年愁《ひゃくねんのうれいをぼうきゃくす》」——これは、中国唐《とう》時代の僧・寒山《かんざん》の作と伝えられる詩の一節です。「幽澗《ゆうかん》は常に瀝瀝《れきれき》、高松《こうしょう》は風に颼颼《しゅうしゅう》たり。其《そ》の中に半日坐すれば、百年の愁《うれ》いを忘却す」とあります。「幽澗」とは世間から離れた場所。つまり、「人里離れた山中で半日ただ坐[座]っていれば、長年の憂鬱《ゆううつ》さえも忘れ去ってしまう」という意味です。

　私はこの詩を、「便利な世の中だからこそ、あえて不便を選んでみてください。それだけで身心の健康をとりもどせますよ」と読みとります。

山中同様の不便さのなかに身を置けば、いろいろな気づきや発見があり、そこに工夫が生まれ、それは楽しみの宝庫です。

たとえば、不明な言葉の意味や漢字の綴《つづ》りは、ネットであっという間に検索できるようになりました。とても楽なので同じ言葉を何度でも検索するようになり、記憶力が低下しているように感じます。

そこで、ちょっと不便ですが辞書を引いてみてはどうでしょうか。その言葉の意味がわかるだけでなく、隣の言葉も目に入り、新しい発見があるかもしれません。

電話番号も、家族の番号ぐらいは暗記して、かけるときはワンタッチボタンではなくテンキーを押すようにすれば、記憶力のバロメーターになります。

*

あえて便利さに背を向けることで、身心の健康の退化に歯止めをかける。リセット法もとりいれてみてはいかがでしょうか。

46

執着を手放し、シンプルな生活をはじめる。

放下庵中放下人

ほうげあんちゅう
ほうげのひと

「ものに囲まれて心を満たした時代は、もう終わり。不用なものは手放し、シンプルに暮らすことが、本当の意味での豊かさであり、心地よさですよ」

私は以前から、みなさんに提唱してきましたが、ものを手放すのは忍びないようで、なかなか実践できないという声を聞きます。

ものを大切にするのはいいことですが、いつまでも捨てられないでいると、身のまわりはものであふれかえることになります。それは、執着心が捨てられない、ということです。

仏教では、「執着を捨てなさい」と教えます。執着を捨てたら、身も心も軽くなり、そのぶん心に余裕ができます。

そのためには、自分なりに、ものを手放す基準を決めるのがいいと思います。たとえば、「3年」という期間を基準にしてください。

その間に一度も袖を通さなかった服、はかなかった靴などは、おそらくこの先も使うことはないでしょう。いつか使うだろうと思っていても、その「いつか」は永遠におとずれないことがほとんどです。

それは、〝持っていても意味のないもの＝執着〟でしかありません。

まずは、ひとつでかまいません。手放してみましょう。たったひとつ手放しただけで、心はずいぶん軽やかになるはずです。

手放すといっても、捨てるだけに限りません。必要としている人にあげたり、寄付するのもいいでしょうし、フリーマーケットやネットオークションに出品するという方法もあるでしょう。そうやって、ほかの誰かに活用してもらえれば、そのもの自体に新たな命を吹きこむことになります。

大切なものは、すでに持っている

「放下庵中《ほうげあんちゅう》 放下人《ほうげのひと》」という禅語があります。

「何もないうらぶれた草庵に、世間のこだわりを捨て去った自由人が暮らしている」という意味です。捨てることは、執着心から解き放たれて自由になることです。

「明珠在掌《みょうじゅたなごころにあり》」という禅語もあります。

「あなたの手のなかには美しい珠《たま》がある」という意味です。

「仏性《ぶっしょう》」とか「本来の自己」という、いちばん大切なものは、生まれたときから身体に備わっているのです。ほかはすべて、生きていくなかで縁があって身についたものであり、それを守ろうとする姿勢が大きくなればなるほど息苦しくなります。

＊

禅では、「見立て」という考え方を大切にしています。本来と別の用途で使ったら面白いな、美しいだろうな、という考え方です。

たとえば、湯のみ茶碗の口元が欠けたら、それを一輪挿しに使ったら面白いなということです。捨てるにはもったいない服が何着かあったら、それらをパッチワークしてランチョンマットや花瓶敷き、コースターなどにして、違った命を吹きこむのもいいかもしれません。

そういうふうにしていると、これまでかかえていた執着心が少しずつ減っていくでしょう。

47

たったひとりの、静かな時間と場所を手に入れよう。

山中の山居

さんちゅうのさんきょ

毎日の生活に〝禅的要素〟をちょっととりいれるだけで、創造力や集中力、思考力や観察力が働くようになります。本章をご覧いただき、そんなリセット感を体感してください。

前章で、ときどき夕日を眺めて、ぼーっとすることをおすすめしました。ここでは、「ぼーっとする」「何もしない、考えない」「ひとりになる時間をつくる」ことについて、さらに深めてみましょう。

2008年のことになりますが、私はNHKの『課外授業　ようこそ先輩』というテレビ番組に呼ばれ、母校の小学生たちを前に課外授業をしました。そのときのテーマが、「ぼーっとしよう！　感じよう！」でした。

授業では子どもたちも私も、いろいろな発見がありました。

子どもたちは、ふだんから親に「塾の時間よ」「ピアノ教室の時間よ」などと、追い立てられるように過ごしているので、いざ「ぼーっとしなさい」と言われても、何をしていいのかわからない。「何もしない、考えない」ことをやったことがないのです。はじめはみんな、戸惑っていました。

「ぼーっと空を眺めてもいい。地面を歩いているアリをじっと見ていてもいいいよ。なんでもいいから、どこでもいいから頭を空っぽにしてごらん。何か気づくことがあるよ」

ヒントを与えると、ぱらぱらとみんなが動き出しました。

ジャングルジムのてっぺんで雲を見ながら、ぼーっとしている子もいれば、建物と建物の間に身をひそめる子、せまい空間に入って、じっとしている子もいました。

子どもたちは、ぼーっとすることにハマり、授業の終わりには、「何もしない、考えない」ことの心地よさを知ってくれました。

「心を解放する場所」の大切さ

「山中《さんちゅう》の山居《さんきょ》」という言葉があります。

「人里離れた山中で、ひとり静かに過ごす」という意味です。

鎌倉時代に鴨長明《かものちょうめい》が書いた『方丈記《ほうじょうき》』にある言葉です。

この言葉を体現したのが、わび茶の祖・村田珠光《じゅこう》です。珠光は、山中の静寂のなかに身を置き、心を解放することが本当のお茶の楽しみ方である、としました。

いっぽう、珠光の孫弟子である千利休《せんのりきゅう》は、〝市中の山居〟という考え方で、わび茶を大成しました。

ふつうの人が山中にこもることはなかなかできません。そこで利休は、日常生活のなかにあっても山居するような心地になれる場所をつくろうとしました。そうしてできたのが、露地（路地）という茶庭の文化です。

露地は、母屋から茶室までの専用の空間のことです。利休は、露地をただの通路ではなく、「世俗の塵《ちり》を払い、心身をきよめる場」として、庭園化したのです。まさに、ひとり静かに過ごす〝市中の山居〟への入口です。

＊

何も考えずにいられる場所を見つけ、ひとり静かに過ごす時間をあえてつくり、〝市中の山居〟をすることは、禅的生活の第一歩になります。

48

心を磨く
“掃除”の魔法。

善因善果《ぜんいんぜんか》
悪因悪果《あくいんあっか》

「いつも境内がきれいに掃かれていて気持ちいいですね」

「廊下、本堂がピカピカに磨かれていて心が洗われるようです」

お寺をお参りされた方がよくおっしゃいます。

禅では、「一掃除、二信心」といって、掃除をもっとも大切な修行としています。

禅修行で掃除を大切にするのには、2つの理由があります。ひとつには、自分たちの修行の場をきれいに保つ、という物理的な理由です。

そしてもうひとつには、目に見えるものだけではなく、心も掃除する、という心理的な理由です。

「無心になって掃除することで、心の塵《ちり》や垢《あか》を一緒に拭きとりなさい。そして、心に塵や垢がつかないように、常に磨いていなさい」と教えます。

ですから、禅宗の修行道場では一日に何度も同じ場所を掃き掃除をし、拭き掃除をして心を磨きます。

あなたもぜひ、無心で掃除してみてください。ただひたすら掃く、ただひたすら拭く、磨く。そこに邪念が入らないように集中してください。

心の塵が消えていくのがわかります。掃除を済ませたあとの清々《すがすが》しさは、坐禅を終えたときのそれと同じです。

掃除は〝良縁〟も運んでくる

私たちは、良くないことが起こると、「あいつのせいだ」「社会のせいだ」「時代のせいだ」などと、自分以外に原因を求めたくなります。しかし、結果はすべて自分に原因があります。

「善因善果《ぜんいんぜんか》 悪因悪果《あくいんあっか》」という仏教の言葉があります。

「善［良］いおこないには、善［良］い報《むく》いがある。悪いおこないには、悪い報いがある」という意味です。「善因」は、良い結果を生みだす原因のこと。「悪因」は、悪い結果を生みだす原因のこと。

「善因善果 悪因悪果 自因自果《じいんじか》」という言葉もあります。「自因自果」は、「自らのおこないの結果は自分に返ってくる」という意味です。

身のまわりで起こるすべてのことには原因があり、その原因をつくっているのは自分自身である、ということです。

つまり、良いおこないは〝良い縁〟を運んでくる、ということです。

＊

掃除を終えると誰しも清々しい気持ちになります。ですから、一日のはじまりである朝の掃除をおすすめします。

清々しく、心地よい状態で一日をスタートするのが理想的なことは言うまでもありません。

禅では、充実した朝を過ごすことを「朝に良い縁を結ぶ」といいます。

朝の掃除は「善因善果」の最たるものです。

室内も、心もピカピカにして「行ってきます！」と元気に出かければ、仕事もプライベートも充実します。

49

一日の充実度を変える「15分の早起き」。

暁天坐禅

きょうてんざぜん

あなたは、朝の時間をどのように過ごしていますか。

朝は何かと忙しく、バタバタしているという人が多いのではないでしょうか。あと10分、もう5分と布団から出ることができず、その後もグズグズ。結局、慌てて出かけることになっていませんか。

私は、朝の過ごし方で、その日一日の充実度がまったく変わると思っています。毎日の積み重ねが人生なのですから、「朝の過ごし方が人生のカギを握っている」と言ってもいいでしょう。

私がみなさんにおすすめしているのは、毎朝15分の早起きです。

早起きして何をするのか――空をぼーっと眺める、ゆっくりお茶やコーヒーを味わう、近くを散歩する、掃除、ストレッチ、坐禅など、〝無心〟になれる時間をつくるのです。

15分の早起きは、朝の気ぜわしさを解放する時間です。

朝忙しいのは、時間がないからではなく、心に余裕がないからです。その心の余裕をつくるのが、15分の〝無心〟の時間です。

これだけで、心が整った状態で一日を過ごすことができます。

いいアイデアは、朝のほうが湧いてくる

雲水《うんすい》（修行僧のこと）は修行中、一日に数回坐禅をします。朝起きて最初の坐禅を「暁天坐禅《きょうてんざぜん》」といいます。「暁天」とは、明け方のことです。多くの禅寺では、まだ夜が明けきらない早朝に坐禅をします。「暁天坐禅」は、朝いちばんに心を整えるスイッチのようなものです。坐禅をしてから、朝のおつとめ（読経）、それから掃除などの作務《さむ》をこなします。

私自身も毎朝4時半に起床し、朝の時間を大切に過ごしています。修行僧時代は通常4時に起床でしたが、今は4時半です。ですから、すでに半世紀近くも4時台の起床をつづけています。

朝のおつとめ前に2時間ほど、執筆や庭園デザインの構想を練ったり、朝の清々《すがすが》しい空気のなかで庭仕事をすることもあります。

とにかく朝は仕事がはかどります。午前中だけで、ふつうの人の一日分の

仕事ができているのではないかと思っています。

早朝のもうひとつの利点は、携帯電話も鳴らないし、メールも来ないことです。だから、集中してものを考えたり、アイデアを練るのにとてもいい時間になります。

みなさんも、夜遅くまで残業してアイデアを練っても行き詰まってしまうことがあると思います。そんなときは、さっさと帰宅、早寝して、清々しい早朝にスッキリした頭で考えるほうが、何倍もいいアイデアが浮かぶと思います。みなさんにも毎日の4時半起床をおすすめしたいのですが、都合が合わない方も多いと思いますので、できる範囲でお試しください。

＊

まずは15分、早起きの心地よさを実感できたら次は30分早起きすれば、さらに充実度は増します。〝無心〟の時間を過ごすだけでなく、朝の時間を有効活用すればいろいろなことができ、人生がより豊かになります。

50

「ごちそう」として、いつもおいしくいただく秘けつ。

喫茶喫飯

きっさきっぱん

〝ながら〟をせず、ひとつのことに集中することの大切さは、すでに申しあげたとおりです（64ページ参照）。〝ながら〟の代表は「食事」ではありませんか。食事をしながら、テレビを見る、新聞を読む、スマホを操作するなど、それがふつうになっている方も多いかと思います。

「喫茶喫飯《きっさきっぱん》」という禅語があります。

「お茶を飲むときには、お茶を飲むことに集中せよ、ご飯を食べるときには、ご飯を食べることに集中せよ」という教えです。

ご飯を口に入れるときには、自然の恵みに感謝し、それをつくってくれた人に思いを馳せていただきます。そうすれば、いかに自分が幸せであるか気づくはずです。

「いただきます」「ごちそうさま」――この食事の際のあいさつは大事な言葉です。「食べる」とは、自然の恵みである命をいただくことです。だから、自分が生かされていることに感謝していただきます。

仏教では、生きものを殺してはならないという「不殺生戒《ふせっしょうかい》」があります。

そのため、肉や魚を使わない「精進《しょうじん》料理」が発達しました。しかし、野菜や海藻などの食材にも命があります。ですから「命をいただく」という気持ちで食材を扱い、食べるのです。

「ごちそうさま」の「ちそう」は、漢字で「馳走」と書きます。「奔走する」という意味で、調理する人が奔走して食材を集め、もてなしてくれたことへの感謝の気持ちをあらわす言葉です。

命をいただくことに感謝する

禅宗では、食事の前にかならず『五観《ごかん》の偈《げ》』をとなえます。

これは、自分に命を捧げてくれる食べものと、調理してくれる人に対する感謝の言葉です。

『五観の偈』

一つには功《こう》の多少を計り、彼《か》の来処《らいしょ》を量《はか》る。

(一、食材の命をいただくこと、多くの人々の苦労によって、この食事がいただけること

に感謝します）

二つには己《おの》が徳行《とくぎょう》の全欠《ぜんけつ》を忖《はか》って供《く》に応ず。

（二、この食事をいただくだけの正しいおこないをしてきたか、自身を見つめていただきます）

三つには心《しん》を防ぎ、過《とが》を離るることは、貪等《とんとう》を宗《しゅう》とす。

（三、むさぼり［貪《とん》］、いかり［瞋《じん》］、おろか［痴《ち》］な心を持たず、謙虚な心でいただきます）

四つには正《まさ》に良薬《りょうやく》を事とするは、形枯《ぎょうこ》を療《りょう》ぜんがためなり。

（四、自ら生きる糧として、健康を保つための良薬としていただきます）

五つには成道《じょうどう》の為の故《ゆえ》に、今此《こ》の食《じき》を受く。

（五、以上をふまえ、みな共により良く生き、仏道を成し遂げるために、この食事をいただきます）

自分の命は、他の命によって育まれている——それがわかれば、ご飯一粒たりとも無駄にはできません。

51

健康を維持しつづけるためのヒント。

少水常流如穿石

しょうすい つねにながれて いしをうがつがごとし

修行僧は、年中裸足で生活しています。着るものも質素な作務衣《さむえ》です。道元禅師《どうげんぜんじ》が開かれた曹洞宗《そうとうしゅう》大本山永平寺《えいへいじ》は、福井県の山中にあり、冬は極寒かつ雪に覆われます。それでも修行僧は足袋をはくことは許されません。凍えるような寒さとの戦いも修行のひとつです。

私が修行したのは曹洞宗両本山のもうひとつである神奈川県の大本山總持寺《そうじ》ですから、永平寺での真冬の修行体験はありませんが、そのつらさは想像に難くありません。

それでも風邪をひく修行僧はいないそうです。足の裏は「第二の心臓」といわれるように、年中裸足で過ごすことで血流が良くなっているからだと思います。

私も若いころは年中裸足で過ごしていました。今では寄る年波もあり、真冬こそ足袋をはいていますが、春のお彼岸ころから11月末ころまでは裸足です。裸足でいると足の裏から季節感が伝わってきますし、畳の感触がとにかく心地いいのです。

また、裸足生活は脳の活性化にもつながっています。裸足の場合、はきものは草履か下駄になります。その鼻緒が親指と第二指の間を刺激します。そこには脳や内臓に直接関係するツボが集まっているそうです。

裸足生活は、病気知らずの身体をつくり、脳活のメリットもあるというわけです。

「できることをつづける」という努力

「少水常流如穿石《しょうすいつねにながれていしをうがつがごとし》」という禅語があります。

「沢の水がチョロチョロと流れるように、絶え間なく小さな努力をつづけていれば、岩に穴を開けることもできる」という意味です。

「精進《しょうじん》」という言葉もあります。

「これからも精進してまいります！」などと、力士のインタビューでよく耳にします。

「ひとつのことに精神を集中して励むこと。一所懸命に努力すること」という意味ですが、これも仏教から生まれた言葉です。

「精進」と聞くと、大変そうだなと思うかもしれませんが、すごい技術を身につけたり、新しい知識を学ぶだけが「精進」ではありません。

「これならできる」という小さな努力をつづけることも「精進」です。

もしできるなら、年中裸足で過ごしてはいかがでしょうか。裸足生活ならそれほどの努力ではないでしょうし、心地いいことですから「精進」のしがいがあるというものです。

多少努力がいるかもしれませんが、その見返りは大きく、「少水常流如穿石」のように確実に、健康維持という目標に進んでいくと思います。

*

今では、裸足で草履や下駄をはく機会がない人が多いと思います。しかし、本来の身体が持つ強さをとりもどすことができるのですから、ぜひ、裸足生活をおすすめします。

52

歩くことで、心の静寂をとりもどす。

動中静

どうちゅうのじょう

新型コロナによってテレワークが推奨され、在宅勤務は急速に広がりました。コロナ前はテレワークなんて無理だと及び腰だったが、必要に迫られてやってみると意外とスムーズにできたという声も聞かれます。

コロナ収束後も、なんらかのかたちでテレワークをつづけているという企業が多いようです。

たしかに、通勤時間ゼロの在宅勤務は、〝時間有効活用〟の最たるものです。東京圏の平均通勤時間は片道約50分といわれていますから毎日1時間40分の時間ができ、そのメリットは大きいでしょう。

しかし私は、気持ちを仕事モードに切り替えるために、通勤時間はある程度あったほうがいいと思います。

朝、自宅で始業ギリギリまでのんびりしていて、9時の時報とともに「はい仕事」といっても、すぐには仕事モードになれないでしょう。オン・オフの切り替えはなかなかむずかしいものです。

そこで在宅勤務の人に、始業前の「歩行禅」をおすすめします。

歩行禅の仕方は簡単です。家のまわりを歩くだけです。もちろん、通勤路でもとりいれてみてください。

①背筋を伸ばし、あごを引いて立つ。肩の力を抜いてリラックス。丹田《たんでん》（63ページ参照）を意識する。

②その場で口を少し開き、大きくゆっくり息を吐ききる。

③視線は1メートル80センチほど先の地面を見て、ふだんよりゆっくり、人にぶつからないように歩く。

④丹田呼吸と、いい姿勢を保って歩くのがポイント。

これだけでふだん歩いている道が「坐禅道場」になり、仕事モードにスイッチが入ります。

丹田呼吸に集中する

まわりが騒がしいところで、本当に歩行禅ができるのか——心配ありません。はじめは落ちつかないかもしれませんが、歩行禅が日常に根づいてくると、どんな環境においても「静寂」の状態になることができます。

「動中静《どうちゅうのじょう》」という禅語があります。

江戸時代の白隠禅師《はくいんぜんじ》の言葉です。もとは、「動中の工夫は、静《じょう》中に勝ること百千億倍」から。

「静かな山中で静寂を保てるのはあたりまえ。慌ただしい環境のなかにあっても静寂を保てることこそが尊い」という意味です。なぜなら、「静寂」とは、自身の心の状態を示すものだからです。

＊

騒がしい日常のなかでそれに惑わされることなく、自分の内面を見つめ、心を落ち着かせてください。

もし歩行禅をしているときに心配や悩みごとが頭をもたげてきても、放っておくのです。深い丹田呼吸に集中していれば、いつの間にか静寂がおとずれます。

53

いま一度、直筆の手紙を見直そう。

墨跡

ぼくせき

昭和の時代、離れた人とのコミュニケーションツールは手紙か電話と決まっていました。平成になると携帯電話、パソコンが普及。そしてスマートフォンの時代になり、メールやSNSなどでのコミュニケーションが主流になっています。

そのため、今では手紙を書く人は稀《まれ》になりました。まして、手紙を直筆で書く人はほとんどいないのではないでしょうか。

年賀状も、宛名書きまで印刷がふつうになりました。よほど親しい人でなければ、ひと言もコメントを書かずに表裏印刷だけの年賀状を出しているでしょう。その年賀状を味気なく感じるのは私だけではない、のではないでしょうか。年賀はがきの発行枚数が年々減少しているのは、そんな事務的な年賀状が多くなったことも一因なのかもしれません。

しかし、大切な連絡や自分の気持ちを相手に伝えるなら、メールやSNSなどより、直筆の手紙のほうが優《まさ》っています。

ラブレターを考えてみればわかります。どれほど心がこもっていても、メールで「愛してる」と100回送られるより、「愛してる」と直筆の手紙を1

通もらうほうが、うれしいと思いませんか。

もっと手紙の良さが見直されてもいいと思います。

手書き文字には魂が宿る

「墨跡《ぼくせき》」という言葉があります。

本来は「書いた筆の跡＝筆跡」という意味ですが、禅僧の書をとくに「墨跡」と呼びます。墨跡には、それを書いた禅僧の業績や人格があらわれているといわれます。

「墨跡」にはさまざまな内容があります。もっとも重要なのが、師が弟子に対して悟りを得たことの証明として与える「印可状《いんかじょう》」です。禅僧は、与えられた印可状を師そのものとして崇《あが》め、大切にしています。

そのほかに、禅僧が死の直前に辞世の句として残す「遺偈《ゆいげ》」（269ページ参照）、自身の境地をあらわした「法語」、お寺の建物に掲げる「額字《がくじ》」、そして禅僧が書く手紙なども「墨跡」です。

先ごろ、知り合いの和尚《おしょう》から巻紙の手紙が届きました。直筆の手紙はいろいろな人からいただくのですが、巻紙は久しぶりでした。もちろん毛筆で達筆です。姿勢を正して拝読しました。

＊

文字には書く人の心の状態が如実にあらわれます。きれい、汚いではありません。ていねいな字を見ると、心が整い、余裕がある状態なんだなと感じとることができます。また、その字を見ていると、私のためにわざわざ時間をかけてくれたのだなとうれしくなれます。

手紙は、受けとる相手の笑顔を想像しながら封筒や便せん選びをするのも楽しいものです。

もし文面を直筆で書く余裕がなければ、宛名書きや自分の名前だけは直筆で一文字一文字ていねいに書いてはどうでしょうか。それだけでも、受けとったときの印象はぐんと良くなります。

コラム 6

窓を開け、新鮮な空気をとりこもう

瑞気満堂春

ずいきまんどうのはる

めでたい気が部屋じゅうに満ち満ちて、春を感じさせる。

瑞気《ずいき》とは、「めでたい運気」「めでたく神々《こうごう》しい雰囲気」のこと。

春は万物回生の季節です。冬の間じっとしてエネルギーをたくわえていた生命がいっせいに芽ばえます。

春の早朝、窓を開け放ち、外の新鮮な空気を部屋にとりこむと、なんと気持ちいいことか。

新鮮な空気は、みな〝瑞気〟で、もちろんそれは春だけではありません。季節を問わず、早朝の外気をとりこんでください。

第7章

ささいな毎日を、禅の心で変えていく

54

煩《ぼん》悩《のう》に負けない自分になれたなら。

貪・瞋・痴

とん・じん・ち

お寺での除夜の鐘は、大晦日《おおみそか》から元旦にかけて108回つきます。それは人間の持つ煩悩《ぼんのう》の数であり、この一年の煩悩をひとつずつ取り除いて新たな年を迎える、という意味があるといわれています。

「煩悩」は仏教語です。身心を悩まし、乱し、わずらわし、惑わす心のはたらきをいいます。

お釈迦《しゃか》さまは、煩悩こそが人間の「苦」の原因であることを発見しました。そして煩悩を分析し、8種類の苦しみがあることがわかりました。

それは、「生《しょう》」「老」「病」「死」の4つの苦、それに「愛別離苦《あいべつりく》＝愛する人とかならず別れる苦しみ」「怨憎会苦《おんぞうえく》＝憎しみを感じる人とかならず出会う苦しみ」「求不得苦《ぐふとっく》＝欲しいものがどうしても手に入らない苦しみ」「五蘊盛苦《ごうんじょうく》＝あきらめきれない苦しみ」の4つの苦。それらを合わせて「四苦八苦」といいます。つまり、「思いどおりにしたい心」が煩悩です。

煩悩に負けない自分になれたら、どんなに心軽やかに暮らせるでしょう。

そしてお釈迦さまは、煩悩の根本は「貪《とん》・瞋《じん》・痴《ち》」の〝三毒〟にある、と考えました。自分の心にしのびよってくる三毒を取り除くことができれば、心軽やかに暮らせるということです。

「五戒」を守れば平安に暮らせる

三毒それぞれの「思いどおりにしたい心」は以下のとおりです。

「貪」は、むさぼりの心です。なんでも欲しがり、ひとつ手に入れてもなお、欲望が尽きない心。欲におぼれて自分を見失います。

「瞋」は、いかりや憎しみの心です。ちょっとしたことで怒り、それを表に出したり、誰かにぶつけたりします。

「痴」は、おろかさです。真理を知らず、道理に欠けているために人をねたみ、おろかな行為をしてしまいます。

この三毒に支配されている限り、心の平安はおとずれないのです。

お釈迦さまは、私たちに、煩悩に負けない人間になるための5つの心がけを授けてくださいました。それが「五戒」です。

「不殺生戒《ふせっしょうかい》＝むやみに生きものを殺さない」「不偸盗戒《ふちゅうとうかい》＝他人のものを盗まない」「不貪婬戒《ふとんいんかい》＝不道徳なつきあいをしない」「不妄語戒《ふもうごかい》＝嘘をつかない」「不《ふ》酤酒戒《こしゅかい》＝酒を飲まない」。

最後の「不酤酒戒」は、心を乱すほど酒を飲まない、程度に考えるといいでしょう。

「五戒」を守ることは、それほどむずかしいことではありませんね。

*

煩悩はすべて悪であるかというと、決してそうではありません。たとえば、意欲（欲望・煩悩）があるからこそ、私たちは努力できるのです。

ただ、「思いどおりにしたい心」に執着しすぎて振りまわされることがいけないのです。「五戒」を守っていれば、煩悩に負けない人間に近づけます。

55

もう時間に振りまわされない、追われない。

忙中閑

ぼうちゅうかん

「いつも忙しくされていますね」

そう言われて、気分を害する人はいないでしょう。むしろ、「仕事ができますね」というほめ言葉として受けとる人が多いのではないでしょうか。

しかし、忙しいのは本当にいいことなのでしょうか。

「忙」という字は「心（忄）を亡くす」と書きます。忙しくしているときは、脳が疲れはてて、心の豊かさが失われ、心のうるおいをなくしていることを示唆していると思います。

忙しい自分を誇らしく思いながらも、実際は身も心もすり減らしているのではないでしょうか。帰宅するなり「疲れたぁ～」といってバタンキューと布団に倒れこんでいませんか。

本来、仕事のできる人は多忙に流されません。時間をうまくコントロールして、自分の時間を見つけています。

「忙中閑《ぼうちゅうかん》あり」という禅語があります。

「どんなに忙しくても、ほっと一息つくわずかな暇はあるものだ」という意味です。

仕事ができる人は、集中してひと仕事終わったら、次の仕事の前に5分、10分の時間を見つけて、自分の好きなように過ごします。週末も、休日出勤などせず、しっかり休みます。そうやって気分転換できるから、次の仕事にも集中して取り組むことができます。

時間の主体は「自分」

「汝《なんじ》は十二時に使われ、老僧は十二時を使い得《え》たり」

中国唐《とう》時代の趙州禅師《じょうしゅうぜんじ》の言葉です。

十二時とは24時間のこと。つまり、「おまえは時間に振りまわされているが、私は時間を使いこなしている」という意味です。

時間がある、ないではなく、自分が主体となって時間を使っているか、それが大切である、ということ。時間に命じられるのではなく、主体的になすべきことをやっているかです。

時間を使いきることができる人は、忙中にでも閑をつくることができます。時間に振りまわされる人は、いつも「忙しい、忙しい」と時間に追いまくられています。ひと仕事終わっても、惰性で次の仕事に流れこんでいきます。そうすると、身心共にリフレッシュできず、前の仕事の負担を引きずったままになりますから、仕事ははかどらず、いいアイデアも出ません。ミスも多くなるでしょう。

＊

自分が主体となって時間を使うことに慣れていない人は、ものごとの優先順位やスケジュールを明確にすることからはじめるといいでしょう。そして、一段落したら何をするか決めておきます。

「この書類を提出したらコーヒーを飲みにいく」「この仕事を達成したら有給休暇をとる」――このように、時間をコントロールすることに慣れてください。自分へのご褒美があれば、仕事にも張りが出ます。

56

ときには、「損得勘定」抜きでやってみる。

冷暖自知

れいだんじち

やってみなければ、わからない――このあたりまえのことに、躊躇《ちゅうちょ》するのが人間の性《さが》だと思います。

「禅即行動」の大切さは、すでに申しあげました（51ページ参照）。すぐ動くことが禅の行動原理です。

「そうは言われても、すぐに行動することができないんだよねぇ」と、おっしゃる方も多いでしょう。

そうかもしれません。人間は未来のことを考える動物ですから、行動する前に損得勘定でものごとを考えてしまいがちです。ですから、「やりたい」と思っても躊躇してしまうことも多いのです。

人は誰でも損をしたくありませんから、損得勘定で動くことのすべてを否定するわけではありません。とくにビジネスの現場であれば、損得勘定を無視するわけにはいかないでしょう。

「面白そうな仕事だから、損をしてでもやりたい」というのはビジネスではありません。しかし、「面白そうな仕事だから、利益が少なくてもやりたい」というなら、「禅即行動」をおすすめします。

私は、計算高くなりすぎては心豊かに生きることはできないと思っています。それは、損得勘定を抜きにした仕事やおつきあいのなかにこそ、いい人間関係が生まれ、信頼を得ることが多い、と感じているからです。

ですから、私は「やりたい」と思ったことには躊躇しません。とにかく、やってみます。

自分の感覚は自分だけのもの

「冷暖自知《れいだんじち》」という禅語があります。

「冷たいか暖かいかは、ふれてみてはじめてわかる。それと同様に、悟りも、人から教えてもらうものではなく、自分で体験するものである」という意味です。

器のなかの水を、ただじっと見つめているだけでは、冷たいか温かいか、永遠にわかりません。しかし、実際に飲んでみるか、指を浸けてみれば、一瞬でわかります。

人間には、外界のものごとを感知する機能が備わっています。「視覚」「嗅覚」「聴覚」「味覚」「触覚」の五感です。

朝の天気予報で「今日はとても寒いです」と聞いて、実際に外へ出てみると、「意外に寒くないな」と感じることはないでしょうか。他人の感覚は、自分の感覚ではありません。自分で外気にふれて、自分で冷暖を体験しなければわからないのです。

また、この禅語は、「自身が体験したことであっても、他人に真実を伝えることはできない」という意味も含んでいます。

*

迷いながらでもかまいません。実際に行動し、体験してみれば、ひとつ迷いが消えます。それが、自分がたしかに生きているということです。

57

もう衝動買いで失敗しない。

枯山水

かれさんすい

ネットショッピングやテレビショッピングには、魅力的な商品が次から次へと登場します。モデルさんが着ている洋服に「いいなぁ」と思ったり、すごい便利グッズが格安で売られていたり。ついパソコンやスマホでポチッと購入してしまう。

あるいは、ウインドーショッピングのつもりが、ふと目にとまったバッグに「欲しい！」という感情を抑えきれずに買ってしまう。いわゆる衝動買いです。

〝思ったことはすぐにやる＝禅即行動〟とはいえ、衝動買いはいただけません。

たいがいは失敗します。部屋を見まわしてみると、そんな衝動買いしたものであふれているということはないでしょうか。

シンプルに暮らすアドバイスとして「3年間に一度も袖を通さなかった服、はかなかった靴などは手放しなさい」と申しあげましたが、衝動買いしたものの多くはその仲間入りをすることでしょう。

ものを買うときは、3つに分類してみることをおすすめします。

目の前に欲しいものがあったら、①本当に必要なものか、②「あったら便利そうだな」という程度のものか、③今すぐに必要なものか――、いかがですか。

①なら買えばいいでしょう。②は「あったらいい＝なくてもいい」なので、当面は買い控えて大丈夫です。③は当然、今必要ないものは不要です。

ものは増やしていくものではなく、むしろ減らし、削ぎ落としていくほど、心は軽やかになります。

シンプルの極限を目指してみる

禅芸術は〝引き算〟の芸術であると、私は考えています。その最たるものが、禅の庭の「枯山水《かれさんすい》」です。

枯山水は、池や遣水《やりみず》などを用いずに、石組みや砂だけで山水の風景を表現した庭園です。

実際には水が存在していないのに谷川の流れを感じます。水の流れを表現するのに、水が必要なわけではありません。とらわれのない心で、今あるものを生かして表現できるのです。

引いて、引いて、これ以上引くものがないギリギリのところまでいくことで、はじめて本当の価値が見えてきます。余分なものを捨て、極限までシンプルにするのです。「余白の美」とも言えるでしょう。

*

私たちの日常生活も同様です。本当に必要なものを見きわめ、それを大切にしていきます。

必要なものだけがあれば、じゅうぶんに楽しく、豊かに暮らすことができます。心を自由に遊ばせれば、創造力もふくらみます。

衝動買いをしそうになったら、禅の庭「枯山水」を思いだしてください。

58

「もっと、もっと」の欲望と、いかにつきあうか。

少欲知足

しょうよくちそく

心おだやかに過ごすためにに、もっともやっかいなのは「欲望」です。欲望を鎮《しず》めることができれば、ずいぶん楽に生きられるはずです。

ところが、人間の欲望には際限がありません。なかでも金銭欲や物欲は、ふくらめばふくらむほど心がかき乱れます。

齢を重ねれば落ち着くだろうと思っても、そうではありません。人間は死を迎えるそのときまで、「あれをやりたい」「これが欲しい」と、欲望をふくらませつづける生きものなのです。

「少欲知足《しょうよくちそく》」という、お釈迦《しゃか》さまの有名な言葉があります。

お釈迦さまが臨終を迎える直前に示されたとされる『遺教経《ゆいきょうぎょう》』にある最後の教えです。

「多欲の人は、利益を求めることが多く、苦悩もまた多い。少欲の人は、求めることがないため、このわずらいはない。少欲がさまざまな功徳を生じることは言うまでもない。少欲の人は、心おだやかで愁《うれ》いや恐れを持つことがない。少欲の人には涅槃《ねはん》（悟りの境地）がある。

知足の人は、どれほど粗末な暮らしをしていても心が安らかだ。足ることを知らない人は、宮殿のようなところに暮らしても満足できない。足ることを知らない人は、裕福な暮らしをしていても心は貧しい。知足の人は、貧しくとも心は豊かである」。概《おおむ》ね、このような内容です。

つまり、「少欲」とは、「もっと、もっと」と欲しがらないことであり、「知足」とは、すでに得られたものに満足することです。

欲を減らし、満足する唯一の方法

では、どうすれば欲望をコントロールして、「少欲知足」で過ごすことができるのでしょうか――。

私たち人間は、欲望をゼロにすることはできません。というより、欲を持たないほうがいいかというと、そうではありません。欲があるから、頑張れるし、自分が成長できることもあります。欲はなくすのではなく、少し減らすぐらいがいいと思います。

欲を減らし、満足する唯一の方法は、「感謝」の気持ちです。

今ここに居ること、食べられていること、親しい人がいること、そんな、あたりまえに生きていることがありがたいのです。

「常に感謝の気持ちを持ち、なすべきことをしっかりやっていれば、結果はかならずあとからついてくる」と、お釈迦さまは教えてくれます。

ふだん健康に暮らしていると、健康のありがたみはわかりません。病気になってみて、はじめて病人のつらさがわかるものです。それと同じで、あたりまえに生きていることがありがたいことです。

2章で述べたように〝あたりまえ〟に対して感謝の気持ちが芽生えれば、心がおだやかになり、少欲知足で過ごすことができます（74ページ参照）。

＊

「少欲知足」で過ごせる人は、まわりを分け隔てなく冷静に見ることができ、他人のことを自分ごととして考えられる人です。そんな人が慕《した》われないわけはありませんね。

59

いつまでも若々しい人、老けて見える人。

身・口・意

しん・く・い

「えっ、ご住職。本当に古稀《こき》（70歳）をお迎えになったんですか！　まだ50代でも通用しますよ。若さを保つ秘訣は、やっぱり坐禅ですか？」

たとえお世辞であっても、若く見られるとうれしいものです。

「ありがとうございます。いい姿勢を心がけていれば、若々しく見えるものですよ」

ときどき、檀家さんなどとそのような会話をすることがあります。

仏教には「身《しん》・口《く》・意《い》」という言葉があります。

これは、人間のおこないを3つに分類したもので、身は身体のおこない（身業《しんごう》）、口は言葉のおこない（口業《くごう》）、意は心のおこない（意業《いごう》）です。この三業《さんごう》を整えて生きなさい、と仏教では教えます。

身業は、立ち居ふるまいに気をつけること。背筋を伸ばし、姿勢を正します。また、相手の立場で行動することも身業を整えることです。ちなみに整体の専門家にいい姿勢について聞いたところ、胸を張りすぎると反り腰になり腰を痛める場合があるので、みぞおちを前に押しだす感覚がいいそうです。

口業は、「相手を思い、慈しみをもって親切な言葉を使うこと＝愛語」です

（112ページ参照）。相手の年齢や立場を考え、愛情のある温かい言葉を使うことですね。

意業は、固定観念や思いこみにとらわれず、「やわらかく、しなやかな心を保つこと＝柔軟心《にゅうなんしん》」です。

姿勢を正せば、愛語を使うようになり、柔軟心を保つことができるということで、身口意は三位《さんみ》一体です。三業を整えれば、ふるまいが自然に美しくなります。

「人に見られている」という緊張感

三業を整えることは、若さを保つ秘訣でもあります。

茶道裏千家・前家元の千玄室《せんげんしつ》さんは、1923（大正12）年生まれの御年100歳です（2023年現在）。

とても姿勢がよく、立ち居ふるまいもきれいです。とても100歳には見えません。

千玄室さんとお話しする機会がありました。若さを保つ秘訣をうかがったところ、「ふだんの生活から、常に誰かに見られているという緊張感を持って、意識して姿勢をグッと整えている」とおっしゃっていました。

話し方も一言一句がていねいで相手への慈しみを感じます。その言葉から、柔軟心を保っていることがよくわかります。まさに、三業が整っています。

*

人に見られている、という意識は大切です。誰にも見られていないと思うと、首がうなだれて姿勢が悪くなるものです。服装もついついだらしなくなり、年齢よりも老けて見えるようになります。

若々しくなりたいなら、何も用事がなくても外出してはいかがでしょうか。読書をするなら図書館や公園で。お茶を飲むならお店で。立派なカフェでなくてもコーヒーショップやファストフードでじゅうぶんです。人に見られている緊張感が、あなたを若々しくしてくれます。

60

できないことを淡々と受けとめる、〝禅的老い方〟。

老倒疎慵無事日
安眠高臥対青山

ろうとうそようぶじのひ あんみんこうがしてせいざんにたいす

人生100年時代を心軽やかに生きるには――。近年、〝老い〟に対する禅的なスタンスをたずねられることが多くなりました。

私はつねづね、「老いは、淡々と受けとめる。それだけでいい」と言っています。

〝老い〟とは、これまでできていたことが、少しずつできなくなっていくことです。これまで一気にのぼれた駅の階段で息が切れるようになり、テレビのボリュームも大きくなります。食も細くなります。物忘れも増えてきます。思うにまかせない事態に遭うこともあるでしょう。

それなのに、「私は、まだまだ若いんだ」と、〝老い〟という現実から目を背けていると、できなくなった自分にイライラします。なくした若さに思いを馳せるから、腹が立って愚痴をこぼすことになります。それはつらいことですね。

できなくなったことは淡々と受けとめるのが、齢を重ねても心軽やかに生きるいちばんの方法です。

年相応に体力が落ちたなら、それを認めましょう。そして、これ以上落ちないように、できるだけ努力して体力維持に努めればいいのです。

この、自分の老いを認めるか、認めないかの差は、後半生の生き方に大きな影響を与えます。

老いることは楽しい

「老倒《とうろう》疎慵《そよう》無事《ぶじ》日《のひ》 安眠《あんみん》高臥《こうが》対青山《してせいざんにたいす》」という禅語があります。

中国南宋《なんそう》時代に成立した禅宗の歴史書『五灯会元《ごとうえげん》』にある言葉です。

「今はすっかり老いぼれてしまい、何をするのも面倒になった。浮世のことにはなんの未練も執着もない。とらわれることも、こだわるものもなく、ゴロリと横になって山々の緑を眺めているのが、何よりの楽しみだ」という意味です。

禅僧の「大安楽」の境地を言っているのでしょう。

何をするのも面倒になってしまうのはどうかと思いますが、ジタバタしても仕方がないと、淡々と老いを受けとめることが〝禅的老い方〟というものでしょう。

*

老いるのは楽しいことでもあります。

〝老い〟を淡々と受けとめていれば、若いころは我慢できなかったことも、「まぁ、そんなこともあるねぇ」「ほう、そんな考え方もあるのかい」と、大らかな心で感じとることができるようになります。

「遊戯三昧《ゆげざんまい》」という禅語もあります。

「遊戯」とは、悟りを得た者が、なにごとにもとらわれることなく、思いのままにふるまうこと。「三昧」は、無我夢中になること。「楽しいことをする」のではなく、「することが楽しい」という考え方です。

そんなことが悠々《ゆうゆう》とできるのは、老いてからに他なりません。ぜひ、加齢を楽しんでください。

61

いつまでも、
生きていることに
感謝の心を。

御蔭様
おかげさま

「自分のお葬式代ぐらい、子どもに心配をかけたくありませんね。それなら、〇〇保険が安心です」

そんな生命保険の新聞広告やテレビコマーシャルを頻繁に見かけます。それだけ需要があるということでしょう。

お葬式代のことはともかく、齢を重ね、人生の晩年を迎えると、否応なく自身の死を考えるようになるでしょう。晩年をどのように過ごし、いかに自分らしい最期を迎えるかは、誰にとっても大命題です。

しかし禅では、「今」この一瞬に全集中して生きることが、充実した一生につながる、と教えます。「前後際断」――現在は、過去（前）とも、未来（後）とも、切り離されている、と申しあげました（47ページ参照）。

また仏教では、「命は、ご先祖さまからの預かりものであり、ご先祖さまによって生かされている」と考えます。自分ひとりで自立して生きていると思っているかもしれませんが、そうではありません。

私たちは誰でも両親がいます。その両親にも、両親がいます。そうして10代前までさかのぼれば1024人のご先祖さまが、20代前までさかのぼれば

100万人を超えるご先祖さまがいるのです。

そのうち一人でも欠けていたら、今の自分はないのです。そう考えたら、ご先祖さまに生かされている命であることがよくわかります。

そして、ご先祖さまからお預かりしている命なのですから、命を終えたときにはお返ししなければなりません。

知人から大切なものを預かったなら、それを傷つけないように、壊さないように、返すその日までていねいに扱いますね。

ご先祖さまからお預かりした命も同じです。その命を自ら絶つなんて言語道断です。代々伝わった命を大切に扱い、お迎えが来たら感謝の言葉と共にお返しするのは当然のことです。

ご先祖さまは〝御陰様《おかげさま》〟

「おかげさまで、元気に暮らしています」

「おかげさまで、5周年を迎えることができました」

日常、感謝の言葉として使っている「おかげさま」ですが、じつはこれも仏教語です。

本来、〝御蔭様〟であり、ご先祖さまを指す言葉です。蔭にかくれて私たちを見守ってくれている存在のことです。

ご先祖さまの協力をいただいて今私たちは生かされているというわけです。

ご先祖さまのことを思いだしたときは、「おかげさま」と、心のなかで感謝の言葉を述べましょう。

*

会話のなかに「おかげさま」のひと言が加わるだけで、その場がやわらかい雰囲気になります。また、それはご先祖さまへの感謝にもつながります。

日常的に使っていただきたい言葉です。

62

毎日、毎年、〝新しい心〟にリセットしよう。

日々新又日新

ひびあらたにして またひにあらたなり

「遺偈《ゆいげ》」をご存じでしょうか。

禅僧が自らの死に臨んで、悟りの境地や後世への教訓を遺《のこ》す辞世の偈頌《げじゅ》（漢詩）のことです。

ただ、死の直前では遺せない場合もありますから、新しい年のはじめに、いつ旅立っても慌てぬように書いておくのが習いでした。今はその伝統も薄れているようですが、住職であった祖父も父もしていたように、私も毎年、元旦に遺偈を書いています。左記は、今年の私の遺偈です。

人生七十年　古稀迎
庭屋創作　五十余
建功尽心　念極藝
俊英堂宇　明光景

人生七十年、古稀《こき》を迎える。
庭屋を創作して五十余年。
建功に心を尽くし、藝を極めんと念ずれば、
俊英たる堂宇、明光の景。

「古稀を迎えるまで生かせていただいた。庭園デザイナーとなって五十余年。建功寺の住職として精魂をかたむけ、また「禅の庭」づくりを極めるべく努

力を惜しまなかった。私のお寺はまさに、明るい光に照らされている」。

漢詩のなかに、私が住職を務めた建功寺の「建功」と、自分の名前である「俊」「明」の字を織りこんでいます。

今年一年間、この気持ちをよりどころとして生きていこうと決意して、私は毎年新たな「遺偈」を予定帳の裏表紙に墨書《ぼくしょ》しています。

「一字遺偈」のすすめ

「日々新又日新《ひびあらたにしてまたひにあらたなり》」という禅語があります。

「毎日を新しい日として迎え、新しい心で新しい世界にふれ、日々向上していきなさい」という意味です。

私たちは、なかなか新しい心になれません。過去にこだわったり、引きずられたりしがちです。「日々新又日新」は、それを戒め、元気をくれる言葉です。

新しい心になりやすいのは、新年がいちばんです。

「今年はこんな年にしたい」と、気持ちをリセットして抱負や目標を立てる方も多いでしょう。

そこで、新年のまっさらな心に問いかけて、「一字遺偈」を認《したた》めてみてはいかがでしょうか。

一年間全力疾走で駆け抜けたいなら「駆」、かっこ良く生きたいなら「粋」、新しいものを創造したいなら「創」、いい恋をしたいなら「縁」、冷静にものごとをみつめたいなら「静」……。

墨書でなくてかまいません。新年を迎え、新しい心になることが大切なのです。その一文字は、かならず心に刻まれます。そして行動にあらわれます。

＊

その日、その瞬間を、「今しかない」と思って生きるのが、禅的な生き方です。それはまさに、一瞬一瞬、新しい心にリセットすることなのです。

（了）

著者

枡野俊明（ますの・しゅんみょう）

曹洞宗徳雄山建功寺住職／庭園デザイナー

1953年神奈川県生まれ。大学卒業後、大本山總持寺で修行。「禅の庭」の創作活動により、国内外から高い評価を得る。芸術選奨文部大臣新人賞を庭園デザイナーとして初受賞。ドイツ連邦共和国功労勲章功労十字小綬章を受章。2006年には『ニューズウィーク』日本版にて、「世界が尊敬する日本人100人」に選出される。

庭園デザイナーとしての主な作品に、カナダ大使館庭園、セルリアンタワー東急ホテル日本庭園、寒川神社ご神苑などがある。

主な著書に『禅が教えてくれる 美しい人をつくる「所作」の基本』（幻冬舎）、『心配事の9割は起こらない』（三笠書房）、『片づける禅の作法』（河出書房新社）、『限りなくシンプルに、豊かに暮らす』（PHP研究所）など多数あり、累計発行290万部を超える。

リセットする習慣　やり場のない感情を整える62のヒント

2023年11月14日 初版発行
2024年 4月 6日 第12刷発行

著者　枡野俊明
発行者　石野栄一
発売　明日香出版社
〒112-0005 東京都文京区水道2-11-5
電話 03-5395-7650
https://www.asuka-g.co.jp
デザイン　小口翔平＋畑中 茜＋青山風音（tobufune）
装画　髙柳浩太郎
編集協力　中野健彦、小松卓郎
校正　鷗来堂
印刷・製本　シナノ印刷株式会社

ISBN 978-4-7569-2293-9